Bernt Engelmann
Das ABC des großen Geldes

W0071485

Bernt Engelmann

Das ABC des großen Geldes

Macht und Reichtum in der BRD –
und was man in Bonn
dafür kaufen kann

Kiepenheuer & Witsch

© 1985 by Verlag Kiepenheuer & Witsch, Köln
Umschlag Hannes Jähn, Köln
Satz Compusatz GmbH, München
Druck und Bindearbeiten May & Co., Darmstadt
ISBN 3 462 01714 4

Inhalt

Was ist »großes Geld«?

Was wirklich »großes Geld« ist, darüber gehen die Meinungen, je nach den Umständen und dem Vorstellungsvermögen des einzelnen, weit auseinander:

Wenn beispielsweise Fritz Schulze und Peter Schmidt, beide arbeitslos, weil ohne Lehrstelle (obwohl Bundeskanzler Helmut Kohl ihnen und allen anderen Schulabgängern einen Ausbildungsplatz fest zugesichert hatte), beim Nachhausegehen auf einem leeren Parkplatz eine Brieftasche mit 3000 (dreitausend!) DM finden, dann ist das für sie – gleichgültig, ob sie dann ihrer Ablieferungspflicht genügen oder nicht – zunächst einmal das »große Geld«...

Wenn das Ehepaar Bauer, das von 971 DM Invalidenrente sehr bescheiden lebt, eines Tages den sich seit Jahren dahinschleppenden Prozeß mit der Rentenbehörde gewinnt und ihm von der nun fälligen Nachzahlung ein Betrag von 30 000 D-Mark übrigbleibt, dann meint auch dieses ältere Ehepaar, endlich das »große Geld« zu haben...

Wenn Dr. Müller-Minden, leitender Angestellter eines mittleren Unternehmens mit rund 95 000 DM Jahreseinkommen, wovon ihm nach allen Abzügen aber nur etwa 4500 DM monatlich für sich und seine Familie übrigbleiben, eines schönen Tages in der Süddeutschen Klassenlotterie zwar nicht das Große Los, aber immerhin steuerfreie 300 000 DM gewinnt, dann ist das auch für ihn das so lange schon erhoffte »große Geld«...

Und wenn schließlich Fabrikant Meier, Chef und Eigentümer (wenngleich letzteres nur zur Hälfte, denn seine beiden Schwestern sind Erben der anderen Hälfte) eines veralteten, nur noch magere Gewinne erzielenden Betriebs mit etwa

70 Beschäftigten, eine abbruchreife Mietskaserne, die er einmal spottbillig erworben hat, an einen Grundstücksspekulanten äußerst günstig verkaufen kann und Herrn Meier nach Abzug aller Steuern und Unkosten runde 3 000 000 (drei Millionen!) DM übrigbleiben, dann ist auch er davon überzeugt, endlich das ihm bislang fehlende »große Geld« zu haben…

Nun gibt es aber in der Bundesrepublik Deutschland – und auf diesen Staat und seine Bürger wollen wir uns in diesem *ABC des großen Geldes* beschränken – eine Vielzahl von Männern und Frauen, für die solche Summen, wie sie Fritz und Peter, das Rentner-Ehepaar Bauer und der Direktor Dr. Müller-Minden jeweils bereits für »großes Geld« halten, überhaupt nichts bedeuten, ja für die auch 3 Millionen Mark, wie sie dem Fabrikanten Meier als »großes Geld« erscheinen, kaum der Rede wert sind. Diese weit reicheren Männer und Frauen würden sich sogar für völlig verarmt halten, hätten sie plötzlich »nur noch« drei Millionen Mark!

Denn für einen, sagen wir, hundertfachen Millionär ist der Verlust von 97 Prozent seines Vermögens eine ebenso große Katastrophe wie für einen kleinen Sparer, dem von seinen Rücklagen – 30 000 DM, die ihm Sicherheit im Alter geben sollten – ganze 900 DM übriggeblieben sind – unbeschadet der Tatsache, daß der eine nach Verlust von 97 Prozent seines Geldes immer noch dreifacher Millionär ist, der andere aber ein armer Schlucker.

Damit wir uns eine richtige und klare Vorstellung davon machen können, was in diesem *ABC* mit »großem Geld« nun eigentlich gemeint ist, wollen wir einmal im Geiste Banknoten stapeln, und dabei sollen jeweils 1000 DM in druckfrischen Hundertmarkscheinen genau einen Millimeter dick oder ›hoch‹ sein, was ja nicht völlig unrealistisch ist.

Die 3000 DM, die die beiden arbeitslosen Jugendlichen gefunden haben, hätten dann als Hunderter-Päckchen eine Höhe von drei Millimetern; die Rentennachzahlung, die das alte

Ehepaar Bauer erhielt, bildete einen drei Zentimeter hohen Packen; der Lotterie-Gewinn des Herrn Dr. Müller-Minden von 300 000 DM ergäbe einen Geldschein-Stapel von 30 Zentimeter Höhe, und das vermeintliche »große Geld«, das dem Fabrikanten Meier vom Verkauf der abbruchreifen Mietskaserne übriggeblieben ist, runde drei Millionen Mark, hätte in gestapelten Hundertern bereits eine Höhe von drei Metern. Das Geld des namenlosen hundertfachen Millionärs, von dem ebenfalls schon die Rede war, ragte in gestapelten Hundertmarkscheinen sogar schon hundert Meter hoch auf – um einen Meter höher als die beiden Türme der Münchner Frauenkirche! Aber auch damit sind wir noch längst nicht beim wirklich »großen Geld«.

Als Anfang Juli 1985 die *Friedrich Flick Industrieverwaltung Kommanditgesellschaft auf Aktien,* Düsseldorf, der Presse ihren Geschäftsbericht für das abgelaufene Geschäftsjahr vorlegte, wies die Bilanz, neben vielen anderen für die Gesellschaft erfreulichen Posten, für 1984 flüssige Mittel (d. h. jederzeit verfügbare Gelder) in Höhe von 348 Millionen DM aus – in Hunderter-Packen gestapelt genau 348 Meter hoch, mehr als das Doppelte des Kölner Doms!

Aber für Dr. Friedrich Karl Flick, der als Alleinerbe des Konzerngründers praktisch auch Alleineigentümer der *Friedrich Flick Industrieverwaltung KGaA* ist und – so die angesehene, gewiß nicht unternehmerfeindliche »Süddeutsche Zeitung« in ihrem Kommentar zum Flick-Geschäftsbericht – »in schier unbeschränktem Absolutismus über einen Welt-Umsatz von 21,822 Milliarden DM gebietet«, stellen diese 348 Millionen DM flüssige Mittel nur die – im Firmenjargon »Kriegskasse« genannte – Manövriermasse dar, die jederzeit an der Börse eingesetzt werden kann. Sie sind nur ein kleiner Bruchteil seines gesamten Vermögens, dessen Umfang sich nicht genau feststellen, nur ungefähr schätzen läßt. So mußte beispielsweise sogar der die Flick-Pressekon-

ferenz leitende Hans Werner Kolb, ein Mann aus der Chef-
etage des Flick-Konzerns und praktisch dessen Finanzdirek-
tor, den Journalisten eingestehen, daß er von der Existenz
einer – im Vorjahr mit einem ausgewiesenen Gewinn von 194
Millionen DM verkauften – Finanzierungsgesellschaft mit
Sitz auf der Karibik-Insel Curaçao bis zum Eingang des Erlöses *nichts gewußt* hätte!

Man darf sogar annehmen, daß auch Dr. Friedrich Karl Flick
selbst nur eine ungefähre Ahnung vom Gesamtausmaß seines
Reichtums hat, wobei angemerkt sei, daß der von der »Süd-
deutschen Zeitung« mit 21,8 Milliarden DM bezifferte Welt-
Umsatz der ›Flick-Gruppe‹ nur Unternehmen mit mindestens 20prozentiger Flick-Beteiligung betrifft, was zwar die
Gerling-Versicherungsgruppe noch mit einschließt, an der
Flick über die *Versicherungs-Holding der Deutschen Industrie GmbH* maßgeblich beteiligt ist, nicht aber den Flick
verbliebenen 10prozentigen Anteil am Aktienkapital der
Daimler-Benz AG, von deren mehr als 40 Milliarden DM
Umsatz bei quotenmäßiger Aufteilung weitere rund 4 Milliarden DM dem Flick-Weltumsatz zugerechnet werden
müßten.

Aber Flicks Daimler-Aktien gehören ihm, sozusagen, privat
und haben im Geschäftsbericht seiner ›Gruppe‹ nichts zu
suchen, auch wenn sie gegenwärtig einen Wert von knapp
2 Milliarden DM haben. Dagegen vermerkt der Geschäftsbericht brav, daß, nachdem 80 Millionen DM den Rücklagen
zuflossen, noch 70 Millionen DM als Dividende an Herrn
Dr. Flick ausbezahlt werden konnten – sein jährliches Ta-
schengeld, das er sich aus den Erträgen seiner ›Gruppe‹ bewilligt, die ihrerseits im wesentlichen aus dem ›Feldmühle‹-
Konzern, Buderus mit Krauss-Maffei und den Edelstahlwer-
ken, Dynamit Nobel, der Gerling-Beteiligung und der am US-
Konzern Grace besteht. (Näheres, auch über die Ursprünge
dieses enormen Reichtums, findet sich unter *Flick* im *ABC.*)

Immerhin läßt sich mit einiger Sicherheit vermuten, daß das Gesamtvermögen des Dr. Friedrich Karl Flick derzeit zwischen 6 und 8 Milliarden DM beträgt und in Hundertmarkschein-Stapeln eine Höhe von 6000 bis 8000 Metern erreichen würde, etwa die des Gaurisankar oder des Mount Everest! Von solchen aus dem ewigen Eis aufragenden und von sehr dünner, ohne künstliche Sauerstoffzufuhr zum Atmen nicht mehr taugender Luft umgebenen Gipfeln aus sind Unterschiede zwischen Geldpäckchen von 3 Millimetern, 3 Zentimetern, 30 Zentimetern und Geld-Stapeln von 3 Metern Höhe überhaupt nicht mehr wahrzunehmen. Anders ausgedrückt: Aus Reichtums-Höhen wie denen des Herrn Dr. Flick sind jugendliche Arbeitslose und dreifache Millionäre nur als gleichermaßen mittellos zu vermuten, und selbst ein Vermögen, das in Packen aufgetürmt die Münchner Frauenkirche überragt, sinkt dann zur Bedeutungslosigkeit herab. Von Flicks Geld-Gaurisankar aus erscheint der hundertfache Millionär als leicht zu übersehende Ameise.

Dr. Friedrich Karl Flick ist nun zwar der gegenwärtig bekannteste Superreiche der Bundesrepublik, obwohl er – um nochmals den Kommentar der »Süddeutschen Zeitung« zu zitieren – Presse und Öffentlichkeit »scheut wie der Teufel das Weihwasser«. Aber er ist beileibe nicht der einzige Multimilliardär ›dieses unseres‹ Landes, wo seit urdenklichen Zeiten stets dafür gesorgt worden ist, daß große Vermögen nicht kleiner, sondern noch größer wurden.

Es ist sogar zweifelhaft, ob Dr. Friedrich Karl Flick der Allerreichste unter den Geldgiganten der Bundesrepublik ist, nur läßt sich dies nicht mit Sicherheit feststellen. Denn auch die anderen in Frage Kommenden scheuen Presse und Öffentlichkeit ebenso sehr wie Dr. Flick.

Der ist ja nur dadurch in die Schlagzeilen geraten, weil rein zufällig entdeckt wurde, daß aus sogenannten ›schwarzen Kassen‹ der ›Gruppe Flick‹ Bonner Spitzenpolitiker großzügig bedacht worden waren, und dies zu einer Zeit, als Flick den Erlös eines Teils seiner Daimler-Benz-Aktien darauf verwandte, Großaktionär des amerikanischen Grace-Konzerns zu werden. Die Steuern auf den Verkaufsgewinn in Höhe von 750 Millionen DM wurden ihm dann erlassen, und so lag die Vermutung nahe, daß möglicherweise ein Zusammenhang zwischen Flicks Spenden an die Politiker und deren Bereitwilligkeit zum Verzicht auf Flicks Steuern bestehen könnte. So beschäftigte sich denn auch ein Untersuchungsausschuß des Bundestages mit dieser Frage; Ermittlungs-, dann auch Strafverfahren wurden in Gang gesetzt, aber sehr gespannt braucht man auf das schließliche Ergebnis nicht zu sein, soweit es Dr. Friedrich Karl Flick betrifft. Ihm wird bestimmt nichts geschehen; schlimmstenfalls wird er die 750 Millionen DM erlassener Steuer am Ende doch noch bezahlen müssen, was ihn gewiß sehr schmerzen, aber keinesfalls finanziell ruinieren würde.

Aber wir wollen Dr. Friedrich Karl Flick an dieser Stelle nicht weiter behelligen. Daß ihm hier überhaupt schon Aufmerksamkeit geschenkt wurde, diente nur zur Verdeutlichung einer richtigen Vorstellung vom »großen Geld«, für das er nur einer unter etlichen gleichrangigen Repräsentanten ist.

Es sollte dem Leser nun auch schon klargeworden sein, daß wir uns in diesem Buch fortan nicht mehr mit arbeitslosen Jugendlichen, Rentnern, Arbeitern und Angestellten, auch nicht mit wohlhabenden Geschäftsleuten, Freiberuflern oder Fabrikanten befassen werden, auch wenn sie zigfache Millionäre sein sollten. Vielmehr werden wir uns fortan nur noch in Regionen bewegen, wo sich das wirklich »große Geld« vielhundertmillionenfach oder gar milliardenfach in wenigen Händen konzentriert und wo damit – meist ganz im stillen und völlig unbemerkt von Presse und Öffentlichkeit – häufig auch ganz erhebliche politische Macht in einer vom Grundgesetz nicht vorgesehenen Weise ausgeübt wird.

»Interessiert Sie dat?« pflegte ein rheinischen Dialekt sprechender, dem Konzerngründer Friedrich Flick hinsichtlich seiner Finanzkraft, seiner Schläue im Umgang mit anderen, sich für sehr gerissen haltenden Geschäftsleuten und seiner politischen Macht durchaus ebenbürtiger, inzwischen auch schon verstorbener Konzernherr zu fragen, wenn sich die Fachjournalisten der Wirtschaftspresse über den Umfang und den Wert seiner Industrie-, Bank- und sonstigen Beteiligungen nicht einig werden konnten und von dem Krösus selbst Aufklärung erhofften. »Interessiert Sie dat wirklich?«

Und wenn sie dann eifrig bejahten und größtes Interesse bekundeten, schüttelte der rheinische Großkaufmann nur verwundert den Kopf, erklärte freundlich: »Leew Lück, dat jeht üch doch janix an... Üch kann dat doch janz ejal sin!« und schritt von dannen.

Dieser Industrie-, Handels-, Versicherungs- und Bankmagnat aus Neuß am Rhein, der damit wohl allen Superreichen aus dem Herzen gesprochen hatte, war Wilhelm Werhahn. (Näheres über *Werhahn* im *ABC*.) Es sei hier nur angemerkt, daß er und seine umfangreiche Familie über einen ganz besonders ›guten Draht‹ nach Bonn verfügten: Denn dort regierte ja vierzehn Jahre lang, von der Gründung der Bundesrepublik im Jahre 1948 an bis zu seinem Rücktritt aus Altersgründen im Herbst 1963, der Werhahn-Schwager, -Onkel und -Schwiegervater (des nunmehrigen Konzernchefs), Konrad Adenauer als Bundeskanzler.

Das Beispiel ist hier nur angeführt, um darzutun, daß der Artikel 20, Absatz 2, des Grundgesetzes (»*Alle Staatsgewalt geht vom Volke aus. Sie wird vom Volke in Wahlen und Abstimmungen und durch besondere Organe der Gesetzgebung, der vollziehenden Gewalt und der Rechtsprechung ausgeübt*«) nicht allzu demokratisch auszulegen ist. Die bundesdeutschen Geldgiganten, die einzeln und erst recht gemeinsam mehr Einfluß auf die Regierung nehmen können als das gewählte Parlament, auch mehr Einfluß auf die Parlamentarier und die vom Parlament zu beschließende Gesetzgebung als die nur alle vier Jahre zur Urne gebetenen Wähler, gehören ja schließlich auch zu den knapp 62 Millionen Bundesbürgern, also zum Volk, von dem alle Staatsgewalt ausgehen soll. Möglicherweise haben sich die Väter des Grundgesetzes, auch die aus den Reihen von CDU/CSU und FDP, die Sache etwas anders gedacht, als sie den Artikel 20 formulierten, und wollten es eigentlich verhindern, daß die privaten Interessen einiger Dutzend Großkapitalisten mehr politisches Gewicht haben als der bei den Wahlen zum Ausdruck kommende Wille der Bevölkerungsmehrheit. Immerhin hatte sich damals beispielsweise selbst die CDU gerade entschieden gegen den Einfluß des Großkapitals auf die Politik ausgesprochen, in ihrem Ahlener Programm sogar ausdrücklich festgestellt: »*Das kapitalistische Wirtschaftssystem ist den staatlichen und sozialen Lebensinteressen des deutschen Volkes nicht gerecht geworden...(Es) kann nur eine Neuordnung von Grund aus erfolgen.*«

Aber wäre es den Unionschristen unter den Vätern des Grundgesetzes ernst gewesen mit ihrem den Kapitalismus ablehnenden Programm, dann hätten sie, gemeinsam mit der gesamten Linken, mühelos durchsetzen können, daß der Macht des Großkapitals in der Verfassung Schranken gesetzt worden wären; mindestens im Artikel 3, unter den Grundrechten, wo es in Absatz 3 heißt: »*Niemand darf wegen seines Geschlechts, seiner Abstammung, seiner Rasse, seiner Sprache, seiner Heimat und Herkunft, seines Glaubens, seiner religiösen oder politischen Anschauungen benachteiligt oder bevorzugt werden*«, hätte auch verankert werden müssen, daß niemand *wegen seines Vermögens* benachteiligt oder, was wohl häufiger der Fall ist, bevorzugt werden darf.

Statt dessen haben sich die Mitglieder des Parlamentarischen Rats, der das Grundgesetz beraten und im Mai 1949 beschlos-

sen hat, nur zu einer vagen Formulierung aufraffen können:
In Artikel 14, worin Eigentum und Erbrecht gewährleistet
werden, heißt es in Absatz 2: *»Eigentum verpflichtet. Sein
Gebrauch soll zugleich dem Wohle der Allgemeinheit dienen.«* Und damit läßt sich nahezu alles rechtfertigen: Als
beispielsweise Herrn Dr. Flick, der einen Teil seiner Daimler-Benz-Aktien für mehr als zwei Milliarden DM an den
Emir von Kuwait verkauft und dabei einen fetten Gewinn
erzielt hatte, die eigentlich fälligen Steuern in der schon er-
wähnten Höhe von 750 Millionen DM von der Bundesregierung erlassen wurden, geschah auch dies im wohlverstande-
nen Interesse und damit auch zum Wohl der Allgemeinheit.
Auch wenn es nicht jedem Steuerzahler, mit dem die Finanz-
ämter nicht so gnädig verfahren, einleuchten wird: Die »Zu-
sammenarbeit« mit dem US-Konzern Grace, dessen Aktienpakete Herr Dr. Flick mit seinem Daimler-Benz-Verkaufser-
lös erwerben konnte, lag nach Meinung des zuständigen Bun-
deswirtschaftsministeriums durchaus im Interesse der bundesdeutschen Wirtschaft, obwohl ihr doch rund 2 Milliarden
DM entzogen wurden, und war somit so förderungswürdig,
daß Herrn Flick die Steuern erlassen werden konnten.
Die Bevorzugung gegenüber der Masse der Steuerzahler, die
Dr. Flick in so reichem Maße zuteil wurde, stellt indessen nur
hinsichtlich der enormen Höhe der ihm erlassenen Summe
eine Ausnahme dar. Äußerst großzügiges Entgegenkommen
haben Bund und Länder unseren Geldgiganten gegenüber
schon so oft walten lassen, daß man die Bundesrepublik
Deutschland getrost zu den Staaten dieser Erde rechnen
kann, die dem Großkapital am freundlichsten gesinnt sind.
Dabei scheint hierzulande der Grundsatz zu gelten: Je mehr
einer hat, desto mehr kann ihm geschenkt werden.
Umgekehrt gibt es wenige Staaten dieser Erde, die wie die
Bundesrepublik für sich in Anspruch nehmen, daß bei ihnen
echte Demokratie und streng rechtsstaatliche Verhältnisse

herrschen, und die gleichzeitig einigen wenigen Superreichen eine so massive Einflußnahme auf die staatliche Politik gestatten.

Das kann so weit gehen, daß ein einzelner Krösus, der sich allenfalls mit einigen anderen Geldgiganten abgesprochen hat, eine Regierungsbildung herbeizuführen vermag, die dem gerade zum Ausdruck gekommenen Wählerwillen ebenso widerspricht wie der klaren Wahlaussage einer nun am Kabinett beteiligten Partei.

Daß solches hierzulande möglich war – und, da sich in dieser Hinsicht nichts geändert hat, wohl auch noch ist –, dafür lieferte ein einzelner Warenhaus-König, Helmut Horten, im Herbst 1961 den Beweis:

Horten, der heute als Milliardär im Ruhestand in der Schweiz lebt, nachdem er sein Kaufhaus-Imperium verkauft und ihm nur noch seinen Namen belassen hat, gehörte zu den Hauptförderern der FDP, die ohne seine Millionen bei den Bundestagswahlen vom Herbst 1961 kaum über die Fünf-Prozent-Hürde gekommen wäre. Mit Hortens üppigen Spenden und dem Versprechen an die Wähler, nie mehr in ein Kabinett Adenauer einzutreten, konnte die FDP sechsundsechzig Abgeordnete stellen. Damit war Adenauers absolute Mehrheit dahin.

Dann aber wurde der damalige FDP-Vorsitzende Erich Mende in Helmut Hortens Villa beordert. Dort wurde der FDP-Chef zunächst von den gleichfalls nach Düsseldorf gekommenen CSU-Politikern Franz Josef Strauß und Dr. Friedrich Zimmermann ins Gebet genommen, dann auch vom Hauptfinanzier seiner Partei, dem Gastgeber Horten, unter vier Augen. Was auch immer dabei gesprochen wurde: jedenfalls sah sich Mende dann veranlaßt, seine Wahlaussage zurückzunehmen und Adenauer die Regierungsbildung wieder zu ermöglichen – in Koalition mit der FDP, was ihr dann auch den Spottnamen ›Umfallpartei‹ eintrug.

Es ist indessen müßig, nun Überlegungen anzustellen, welche Entwicklung die Bundesrepublik genommen hätte, wäre dem FDP-Vorsitzenden damals von Horten befohlen worden, Adenauer zu stürzen, wie es den freidemokratischen Wählern versprochen worden war und wie es dem Wahlausgang insgesamt entsprochen hätte. Allein die Tatsache, daß ein einzelner Milliardär die Geschicke der Regierung einer Industrienation vom Rang der Bundesrepublik entscheidend beeinflussen konnte, ohne je öffentlich in Erscheinung zu treten, geschweige denn dem Parlament und Volk verantwortlich zu sein, ist erschreckend genug, und dabei spielt es kaum eine Rolle, ob Horten richtig oder falsch entschieden hat; ob er allein oder mit anderen oder gar nur auf Betreiben einer anonymen Bankengruppe zu seinem Entschluß gekommen ist.

Das Beispiel sollte nur zeigen, daß es eigentlich zum staatsbürgerlichen Unterricht zu gehören hätte, die Heranwachsenden über die Geld- und Macht-Konzentration in den Händen einiger weniger genau zu informieren, damit sie wissen, wie ihr Staatswesen tatsächlich funktioniert. Es wäre auch die Pflicht der Parteien und der seriösen Presse, die Öffentlichkeit darüber aufzuklären, in wessen Händen der größte Teil aller Reichtümer unseres Landes sich eigentlich befindet und welche ungeheure wirtschaftliche und damit auch politische Macht von einigen wenigen ausgeübt wird, ohne daß sie dem Volk oder dem Parlament für ihre Entscheidungen verantwortlich sind.

Doch wenn nicht gerade eine Affäre für Aufregung sorgt, die sich nicht mehr vertuschen läßt, ist das Gegenteil der Fall: Der Durchschnittsbürger erfährt so gut wie nichts über die gewaltigen Kapitalkonzentrationen, erst recht nichts über deren Eigentümer.

Ein geradezu klassisches Beispiel für die Desinformation der Öffentlichkeit hinsichtlich der Eigentumsverhältnisse bei

Großkonzernen liefert die Presseberichterstattung über die *Siemens AG,* mit rund 40 Milliarden DM Jahresumsatz eines der größten Unternehmen der Bundesrepublik. In fast allen Handbüchern und Nachschlagewerken, Geschäftsberichten und Pressekommentaren heißt es hinsichtlich der Eigentumsverhältnisse bei Siemens schlicht: »Die Stammaktien der Gesellschaft sind breit gestreut; ca. 404 000 Aktionäre«. Fast könnte man glauben, daß bei der Siemens AG, dem größten privaten Arbeitgeber der Bundesrepublik, die weit über 300 000 Beschäftigten mit ihren zahlreichen Belegschaftsaktien die eigentlichen ›Herren im Hause‹ sind.

Indessen stimmt es zwar, daß die *Stamm*aktien der Siemens AG sehr breit gestreut sind. Es gibt daneben aber auch noch *Vorzugsaktien,* die mit mehr Rechten ausgestattet sind als die Anteile am Stammkapital in den Händen der kleinen und mittleren Aktionäre.

Tatsächlich hat der Weltkonzern, dem so vieles ›angegliedert‹ ist – zum Beispiel die *Kraftwerk Union AG* (die ihrerseits 100prozentige Eigentümerin der *Interatom Internationale Atomreaktorbau GmbH* in Bergisch Gladbach und Mehrheitsaktionärin der *ALKEM GmbH* und der *Reaktor-Brennelement Union,* beide in Hanau, ist) oder die *OSRAM GmbH,* ebenfalls eine 100prozentige Siemens-Tochter –, daneben wichtige Beteiligungen hält (beispielsweise bei *Messerschmitt-Bölkow-Blohm (MBB);* Näheres siehe unter *Siemens* im *ABC*), hat auch einen – seltsamerweise zumeist schamhaft verschwiegenen – Großaktionär: die Gründerfamilie v. Siemens.

Sie ist mit 13,3 Prozent am Siemens-Konzern beteiligt, was auf den ersten Blick wenig zu sein scheint. Indessen erhebt eine solche Beteiligung am Siemenskonzern die Familie v. Siemens in den Rang von Milliardären, und da ihre Vorzugsaktien mit einem vielfachen Stimmrecht ausgestattet sind, garantiert sie der Familie auch eine beherrschende Stellung im

Unternehmen. Im Aufsichtsrat der Siemens AG kann keine Entscheidung gegen den Willen der Familie v. Siemens getroffen werden, selbst dann nicht, wenn sich alle Eigentümer der 404 000 Stammaktien, die Hausbanken und die acht Vertreter im Aufsichtsrat, die von den über 200 000 Inlands-Beschäftigten des Konzerns zu wählen sind, ausnahmsweise einig sein sollten. Infolgedessen bilden (Stand: September 1984) drei Familienmitglieder – Dr. Ing. E. h. Ernst v. Siemens, Dr. Dr. Ing. E. h. Hermann v. Siemens und Dr. Peter v. Siemens – gemeinsam das Ehrenpräsidium des Siemens-Aufsichtsrats.

Warum also die Geheimniskrämerei, selbst bei einem so weltoffenen und weltweiten Unternehmen wie Siemens? Vermutlich, weil unseren Geldgiganten in den letzten dreieinhalb Jahrzehnten ein so gewaltiger Zuwachs an Geld und Macht beschert war, daß sie ein Bekanntwerden dieser Tatsache fürchten.

Die meisten der bundesdeutschen Wirtschaftsmagnaten scheuen sich, ihren wahren Reichtum und die damit verbundene Macht offen zu zeigen, und die Medien – die ihnen ja großenteils gehören – respektieren die von den Reichen und Mächtigen gewünschte Diskretion fast immer.

Nun heißt es zwar im Artikel 5 unseres Grundgesetzes: *»Jeder hat das Recht, ... sich aus allgemein zugänglichen Quellen ungehindert zu unterrichten.«* Aber dieses von der Verfassung verheißene und garantierte Grundrecht auf freie Information wird zur reinen Farce, weil die Quellen, aus denen wir uns über wirklich Wichtiges informieren könnten, zumeist *nicht* allgemein zugänglich sind.

Darf der Arbeiter an der Walzstraße, die Frau am Fließband nicht wissen, wem der Betrieb tatsächlich gehört, für den er oder sie tagaus, tagein ihre Arbeitskraft und -zeit zur Verfügung stellt? Geht es die Angestellten nichts an, wenn die Firma, die, außer ihrem Fleiß und Können, auch ihre Treue verlangt, längst nicht mehr dem ›Chef‹ gehört, sondern einer Beteiligungsgesellschaft, deren Anteilseigner ihre Namen geheimhalten? Hat ein Bankkunde keinen Anspruch darauf, zu wissen, wer eigentlich diejenigen sind, denen er sein Geld anvertraut? Gibt es für die Bürger einer Stadt kein Recht zu erfahren, wem der Betrieb tatsächlich gehört, der ihre Atemluft mit Blei vergiftet oder tonnenweise Schwefel ausstößt? Und haben wir nicht alle als Staatsbürger ein berechtigtes Interesse, etwas Genaueres darüber mitgeteilt zu bekommen, welche Ausmaße der private Großgrundbesitz hat und in wessen Eigentum er sich befindet? Schließlich sind in unserem dichtbesiedelten Land die noch erschließbaren Flächen schon sehr knapp geworden, und der Boden ist nicht vermehrbar.

Doch wir erhalten äußerst selten exakte Antworten auf solche Fragen, und gerade was die Ausdehnung und Verteilung des Großgrundbesitzes betrifft, gibt es keinerlei Informationen, die der Allgemeinheit zugänglich wären; dergleichen gilt offenbar als Staatsgeheimnis.

Das *Statistische Jahrbuch für die Bundesrepublik Deutschland* unterrichtet uns zwar mit größter Genauigkeit über erstaunlich vieles, etwa über den Schweinebestand, säuberlich aufgeteilt in Mast- und Zuchtvieh, exakt unterschieden nach Alter, Geschlecht und Gewicht, auch nach trächtigen und nicht trächtigen Säuen am jeweiligen Stichtag. Was aber die Betriebsgrößen in der Land- und Forstwirtschaft angeht, an denen sich zumindest der Gesamtumfang des Großgrundbesitzes erkennen ließe, so verweigern uns die amtlichen Statistiken jede brauchbare Information. Gewiß, das *Statistische Jahrbuch* enthält einige Tabellen, die etwas über die landwirtschaftlich genutzten Flächen aussagen, aufgeteilt nach den Bundesländern oder nach den Betriebssystemen sowie nach Betriebsgröße. Aber was die letztere betrifft, so wird unterschieden nach Größen von »unter 2 Hektar«, »2–5

Hektar« usw., doch diese Unterscheidung endet meist mit
»50 Hektar und mehr«, im Ausnahmefall mit »100 Hektar
und mehr«, so daß nicht auszumachen ist, was noch großbäu-
erlicher Besitz ist und welcher Anteil auf riesige, 3000, 5000,
10 000 Hektar große und mitunter noch weit größere Güter
und Domänen entfällt, die meist in Besitz von hochadligen
Familien sind.

Ganz ähnlich ist es in anderen Bereichen: So informiert uns
das *Statistische Jahrbuch* zwar sehr ausführlich über die private Vermögensbildung, sogar über die *Ausstattung ausgewähl-
ter privater Haushalte mit ausgewählten langlebigen Ge-
brauchsgütern.* Dabei werden verblüffenderweise sogar Mo-
fas, Handrührer oder -mixer und selbst Diaprojektoren zu
den langlebigen, folglich vermögensbildenden Gebrauchsgü-
tern gezählt, ohne Rücksicht darauf, daß solche Anschaffun-
gen häufig noch gar nicht voll bezahlt sind und noch unter
Eigentumsvorbehalt des Verkäufers stehen. Andrerseits ver-
sagen die amtlichen Quellen, wenn wir erfahren möchten,
wie viele Privatjets, hochseetüchtige Luxusjachten oder auch
nur private Panzerschränke es gibt, und erst recht nichts ist zu
ermitteln über die Verteilung des privaten Reichtums, nicht
einmal in Tabellen, die mit »100 000 DM Vermögen und
mehr« enden.

Gewiß, es gibt – nichtamtliche – Nachschlagewerke, etwa
Hoppenstedts *Handbuch der Großunternehmen,* für das man
allerdings zwei starke Hände und mehr als 500 DM übrig
haben muß. Es gibt – für Hypo-Kunden – den *Wegweiser
durch deutsche Unternehmen,* den die Bayerische Hypothe-
ken- und Wechsel-Bank AG in unregelmäßigen Abständen
herausbringt und der in bislang 26 Folgen erschienen ist, oder
auch das Handbuch mit dem verheißungsvollen Titel *Wer
gehört zu wem?,* das die Commerzbank AG im Drei-Jahres-
Rhythmus herausbringt und für ihre Kunden bereithält.

Alle diese nützlichen Nachschlagewerke, auch das letztgenannte, das die Eigentumverhältnisse von fast zehntausend Gesellschaften der Bundesrepublik offenlegt und sich rühmen kann, damit »*das in der Bundesrepublik Deutschland vorhandene Aktienkapital nahezu vollständig und das Eigenkapital der GmbH zu gut drei Vierteln erfaßt*« zu haben, vermögen dem Wissensdurstigen zwar einiges, aber keineswegs alles über die Eigentumsverhältnisse mitzuteilen. Alle sind abhängig von der Bereitschaft der Unternehmen, einigermaßen genaue und richtige Angaben darüber zu machen, und alle müssen erklären: »*Eine Gewähr für die Richtigkeit und Vollständigkeit der Angaben können wir trotz sorgfältiger Bearbeitung nicht übernehmen*« – eine Einschränkung, die natürlich auch für dieses *ABC des großen Geldes* gelten muß.

Zu dicht sind die Schleier, mit denen sich unsere Geldgiganten vor den neugierigen Blicken der Öffentlichkeit schützen – anders als früher, vor 1914, als es regelrechte Millionärshandbücher gab, worin, zunächst geographisch, dann nach der Größe der einzelnen Vermögen und schließlich noch alphabetisch geordnet, die höchstbesteuerten Privatpersonen, ihr steuerlich veranlagtes Vermögen und Einkommen sowie noch manches andere verzeichnet waren.

Da hieß es beispielsweise:

Albert Fürst von Thurn und Taxis, Herzog zu Wörth und Donaustauf, Durchlaucht, erbliches Mitglied der 1. Kammer in Württemberg.

Grundbesitz: 123 765 ha, davon 91 239 ha Wald, in Deutschland und Österreich zusammen.

Wohnhaft in Regensburg.

Vermögen: 270 Millionen Mark.

Jährliches Einkommen: 5 Millionen Mark.«

Und im Anhang gab es dann noch eine biographische Notiz, diesen Krösus betreffend:

Albert VIII. Fürst von Thurn und Taxis, geb. Regensburg 8.

Mai 1867, Sohn des Erbprinzen Maximilian, gest. 26. Juni 1867, und dessen Gemahlin Helene geb. Herzogin in Bayern, gest. 16. Mai 1890; verheiratet Budapest 15. Juli 1890 mit Margarete, kaiserl. Prinzessin und Erzherzogin von Österreich, k. u. k. Hoheit, geb. 6. Juni 1870.
Hat in Württemberg einen Grundbesitz von 18 415 Hektar, davon 16 022 Hektar Wald in 129 Steuergemeinden. Die fürstl. Verwaltungsstellen des württ. Grundbesitzes sind zu Obermarchthal und Schloß Taxis, welches nach der Familie seinen Namen erhalten hat. Alles Nähere über den Fürsten und seine Familie findet sich in der ausführlichen Biographie im – 1914 erscheinenden – Band Bayern des ›Jahrbuchs der Millionäre‹.«

Schließlich gab es noch eine Zusammenstellung des Grundbesitzes des fürstl. Hauses Thurn und Taxis, der zu entnehmen war, daß sich die Hauptmasse außerhalb der heutigen bundesdeutschen Grenzen befand: in Böhmen, Kroatien und Polen. Der westdeutsche Besitz befand sich in Württemberg und in der bayerischen Oberpfalz sowie im bayerischen Unterfranken und umfaßte knapp 40 000 Hektar.

Dagegen nahm sich ein anderer Württemberger, der im Millionärshandbuch von 1913 verzeichnet ist, geradezu bescheiden aus: Dr. Ing. Robert Bosch, Fabrikant, alleiniger Inhaber der Firma Robert Bosch, elektrotechnische Fabrik, Stuttgart, Heidehoffstr. 31;
Vermögen: 20 Millionen Mark;
Jährliches Einkommen: 4 Millionen Mark.«

Diese Zeiten und die damals geübte Publizitätsfreudigkeit, auch und gerade in Vermögensangelegenheiten, gehören endgültig der Vergangenheit an. Zwar finden wir die Erben der beiden als Beispiele gewählten Superreichen der Zeit vor dem Ersten Weltkrieg auch heute noch in Nachschlagewerken verzeichnet, aber ohne den kleinsten Hinweis auf ihr Vermögen und Einkommen.

Über den 1928 in Berlin geborenen Sohn des Firmengründers, Robert Bosch junior, vemerkt die neueste Ausgabe von *Wer ist wer?* lediglich dessen Anschrift sowie seinen Bildungsweg. Von Johannes Fürst von Thurn und Taxis weiß dieses Nachschlagewerk, außer einigen persönlichen Daten, nichts weiter zu melden, als daß er als Beruf »Bankier« angegeben hat und »Aufsichtsratsmandate« ausübt. (Näheres über *Bosch* und *Thurn und Taxis* im ABC.)

Heute bedarf es großer Anstrengungen und detektivischer Fähigkeiten, will man die Eigentumsverhältnisse beim Großgrundbesitz oder bei Industriekonzernen wenigstens in Umrissen herausfinden, und wenn es sich gar darum handelt, die Eigentumsverhältnisse bei einer mittleren Bank zu klären, braucht man dazu viel Geduld und Spürsinn, wobei auch der beharrlichste und scharfsinnigste Verfolger einer Spur nicht immer fündig wird, im Gegenteil: In zwei von drei Fällen wird er sich mit bloßen Vermutungen begnügen müssen, und gar nicht so selten findet er nicht einmal dafür Anhaltspunkte.

Ein Beispiel soll genügen:

Die *Baden-Württembergische Bank AG*, mit Sitz in Stuttgart und Karlsruhe, gehört zu 54 Prozent dem Land Baden-Württemberg und seiner Landeskreditbank, zu 25,1 Prozent einer *Rhein-Neckar-Bankbeteiligung GmbH*, und der Rest, so heißt es, sei »Streubesitz«.

An der ›Rhein-Neckar‹ ist die Deutsche Bank AG mit 50 Prozent beteiligt, die Robert Bosch GmbH mit knapp 30 Prozent und die Bausparkasse Wüstenrot GmbH mit über 8 Prozent. Wem aber gehört das restliche Aktienkapital der Bank?

Vermutlich ist der größte Teil des angeblichen Streubesitzes in der Hand einer der vormals reichsten Familien des Südwestens, die im *Jahrbuch der Millionäre in Württemberg* von 1914 vertreten war durch König Wilhelm II. von Württemberg (Vermögen: 36 Millionen Mark; Jahreseinkommen: 2,9 Millionen Mark). Dafür kann auch die Tatsache, daß das derzeitige Familienoberhaupt, Herzog Carl von Württemberg, im Aufsichtsrat der Bank sitzt, als Indiz gelten. Angemerkt sei zweierlei: Die herzogliche Familie ist – auch wenn sie nicht an der Bank beteiligt sein sollte – ohnehin zu den Superreichen zu zählen; ihr Grundbesitz umfaßt rund 18 000 Hektar (1 ha = 10 000 qm). Herzog Carl gehören unter anderem rund 15 Prozent der C. Baresel AG, Stuttgart, eines bedeutenden Unternehmens der Bauindustrie, und der Herzog und seine Frau Diane, gebürtige Prinzessin von Frankreich, residieren auf Schloß Friedrichshafen am Bodensee wahrhaft königlich.

Die zweite Anmerkung betrifft die Baden-Württembergische Bank, die ihrerseits, wenn auch indirekt und mit nur wenigen Prozenten, an einem Mammutunternehmen beteiligt ist, bei dem die Eigentumsverhältnisse noch weit komplizierter sind, nämlich an der *Daimler Benz AG* mit Sitz in Stuttgart-Untertürkheim und einem Aktienkapital von fast 2 Milliarden Mark Nennwert.

Wem gehört nun dieses Unternehmen, das einen Konzernumsatz von rund 40 Milliarden DM erzielt? Oder präziser gefragt: Wer, außer den Großbanken, die teils selbst, direkt oder indirekt, Großaktionäre bei Daimler-Benz sind, teils die Masse der Kleinaktionäre in Vollmacht vertreten, hat dort gewichtige Mitspracherechte?

Alle Handbücher verzeichnen – neben einem Streubesitz von 160 000 bis 210 000 Kleinaktionären, die aber zusammen über weniger als ein Viertel des Aktienkapitals verfügen – vier Großaktionäre als die eigentlichen Machthaber des Konzerns:
- erstens, wie zu vermuten war, die Deutsche Bank AG, die 28,5 Prozent des Aktienkapitals hält;
- zweitens, wie schon in anderem Zusammenhang kurz erwähnt, Dr. Friedrich Karl Flick, dem noch etwa 10 Prozent der Daimler-Benz-Aktien gehören und der im Aufsichtsrat sitzt;

- drittens der Emir von Kuwait, der mit seinen Erdöl-Erlösen 14 Prozent des Daimler-Benz-Aktienkapitals von Flick gekauft und dafür rund 2,1 Milliarden DM bezahlt hat;
- viertens eine mit über 25 Prozent beteiligte *Mercedes-Automobil-Holding AG,* die damit über eine Sperrminorität verfügt, mit der sie wichtige Entscheidungen blockieren kann. Diese Beteiligungsgesellschaft wird von zwei anderen Beteiligungsgesellschaften beherrscht: von *Stella* und *Stern,* beide mit Sitz in München und jede eine GmbH.

Damit noch nicht genug, wird es jetzt erst richtig kompliziert: *Stella* gehört zu je einem Viertel der Commerzbank AG, der J. M. Voith GmbH in Heidenheim/Brenz sowie zwei weiteren Automobil-Beteiligungsgesellschaften, *Star* und *Südwest-Star. Stern* hingegen gehört zu je einem Viertel der Bayerischen Landesbank Girozentrale, München, der Dresdner Bank AG, der Robert Bosch GmbH, Stuttgart, und der Komet Automobil-Beteiligungsgesellschaft mbH, München, die ihrerseits zu 100 Prozent zum Allianz-Versicherungskonzern gehört.

Wem aber gehören *Star* und *Südwest-Star*?

Star teilen sich zu je einem Viertel: die R+V Allgemeine Versicherung AG, die Vereinigte Krankenversicherung AG, die Wüstenrot-Bank und die Baden-Württembergische Bank (von der wir ausgegangen sind und wo wir bereits eine starke Bosch-Beteiligung festgestellt sowie eine etwas kleinere Beteiligung des Herzogs von Württemberg vermutet haben).

Südwest-Star schließlich hat ebenfalls vier mit je einem Viertel beteiligte Gesellschafter, von denen einer die Deutsche Effecten- und Wechsel-Beteiligungsgesellschaft AG, Frankfurt, ist, die ihrerseits mehrheitlich der J. M. Voith GmbH in Heidenheim/Brenz gehört. (Angemerkt sei, daß Näheres über *Voith,* aber auch über *Württemberg, Herzöge von* und *Baresel* im *ABC* zu finden ist.)

Graphisch dargestellt, sieht das Ganze so aus:

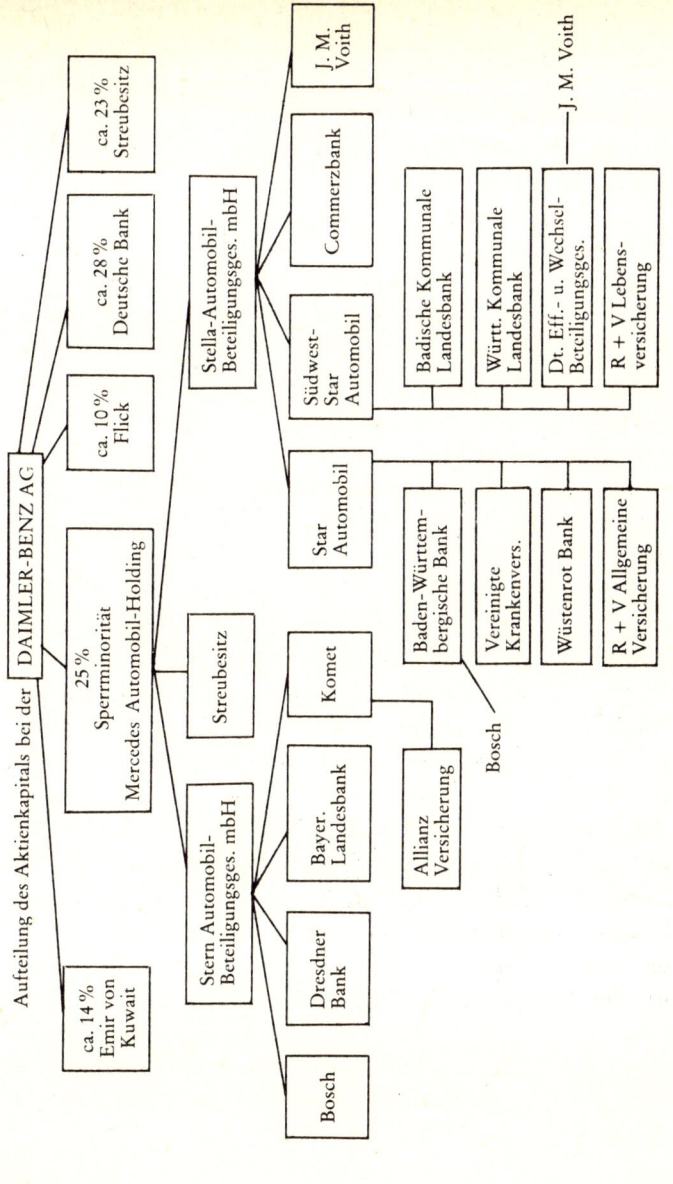

Aufteilung des Aktienkapitals bei der DAIMLER-BENZ AG

Es ließ sich also, wenn auch mit einiger Mühe, feststellen, daß die – von der Mercedes-Automobilholding AG gehaltene – Sperrminorität bei der Daimler-Benz AG im wesentlichen beherrscht wird von Banken, Versicherungen sowie vom Bosch- und vom Voith-Konzern. Aber welche Einzelpersonen dahinterstecken, wissen wir noch immer nicht, erst recht nicht, mit wieviel Geld sich diese Superreichen jeweils am Daimler-Benz-Konzern indirekt beteiligt haben, wobei angemerkt sei, daß schon eine Beteiligung von nur 0,5 Prozent des Aktienkapitals einen derzeitigen Wert von etwa 75 Millionen DM darstellt!

Indessen sollte das Beispiel ja nur zeigen, wie kompliziert verschachtelt die Eigentumsverhältnisse bei Großunternehmen häufig sind, wobei die Daimler-Benz AG noch vergleichsweise überschaubar genannt werden kann.

Deshalb können die in diesem *ABC des großen Geldes* gemachten Angaben über die Vermögensverhältnisse und Einflußmöglichkeiten einzelner Personen, Familien oder Firmen nur *Schätzungen* sein. Auch ist wegen der fast täglichen Veränderungen, die sich in den Wirtschaftsteilen der Tages- und Wochenzeitungen widerspiegeln (oder auch nicht), nie mit letzter Gewißheit zu sagen, ob beispielsweise eine angegebene Beteiligung noch vorhanden oder bereits an andere veräußert worden ist; ob sich im Zuge der starken Konzentrationsprozesse in der bundesdeutschen Wirtschaft ein mittlerer Unternehmer nicht schon aus dem Familienunternehmen zurückgezogen hat und mit Aktien des Konzerns entschädigt worden ist, der seinen Betrieb sich eingegliedert hat.

Auch möge es der eine oder andere Geldgigant dem Autor verzeihen, wenn er übersehen und nicht genannt worden ist. In Anbetracht der vielen dichten Schleier, die über den großen Reichtum hierzulande gebreitet sind, könnte man es fast ein Wunder nennen, wenn niemand vergessen und jeder richtig und vollständig eingeschätzt worden wäre.

Indessen soll dieses *ABC des großen Geldes* ja nichts weiter, als dem interessierten, aber nicht hinreichend informierten Durchschnittsbürger unseres Staates ein ungefähres Bild der Geld- und Macht-Elite verschaffen, die hierzulande das Sagen hat.

Unsere Industriemagnaten

Magnaten nannte man die herrschende Oberschicht in der Feudalaristokratie, die im vorindustriellen Zeitalter alle Macht und allen Reichtum verkörperte. Im übertragenen Sinne wendet man das Wort auf diejenigen an, die fast unumschränkte Herren über große Wirtschaftsimperien sind.

Zu den Industriemagnaten im deutschen Kaiserreich vor 1918 zählten beispielsweise die Familien Krupp, Thyssen und Haniel, um nur die Allerreichsten zu nennen.

Frau Bertha Krupp v. Bohlen und Halbach auf dem Hügel bei Essen (Ruhr)« war im Millionärsjahrbuch von 1911 an erster Stelle verzeichnet – mit 187 Millionen Mark Vermögen (was damals mehr als das Zwanzigfache heutigen Geldes bedeutete). Ihre Mutter, *»Frau verwitw. Wirkl. Geh. Rat Friedrich Alfred Krupp geb. Freiin v. Ende, Exzellenz«*, hatte noch weitere 40 Millionen Mark.

Der *»Fabrikbesitzer August Thyssen auf Schloß Landsberg bei Kettwig«* nahm mit 55 Millionen Mark Vermögen den 12. Platz ein. Die Plätze 2 bis 11 wurden von hocharistokratischen Großgrundbesitzern, sechs davon in Oberschlesien begütert, und zwei jüdischen Bankiers eingenommen.

Auf Platz 15 folgte der *»Geh. Kommerzienrat Franz Haniel, Düsseldorf, Hofgartenstr. 1«* mit einem Vermögen von 46 Millionen Mark; außerdem gab es noch in der Spitzengruppe *»Frau Adeline verwitw. Geh. Kommerzienrat Böninger geb. Haniel in Duisburg«* mit 42 Millionen Mark Vermögen sowie auf mittleren und hinteren Plätzen mindestens noch drei Dutzend weitere Mitglieder des Haniel-Clans, dessen Gesamtvermögen – 360 Millionen Mark – doppelt so groß war wie das von Bertha Krupp v. Bohlen und Halbach.

Man könnte nun meinen, daß dies alles der Vergangenheit angehört; daß zwei von Deutschland verlorene Weltkriege und zwei fast totale Geldentwertungen von dem Reichtum und der Macht dieser Industriemagnaten wenig mehr übriggelassen haben als vielleicht die Namen.

Die Wirklichkeit sieht indessen anders aus:

Die *Fried. Krupp GmbH*, Essen, mit rund 80 000 Beschäftigten und einem Umsatz von knapp 18 Milliarden DM eines der größten Industrieunternehmen der Bundesrepublik, scheint zwar nicht mehr in Privatbesitz zu sein: 74,99 Prozent des Kapitals hält die Alfried Krupp v. Bohlen und Halbach-Stiftung, den Rest, eine Sperrminorität von 25,01 Prozent der iranische Staat. Aber statt der Krupp-Erben regiert in Essen deren getreuer Hausmeier, Berthold Beitz, der als Testamentsvollstrecker von Alfried Krupp dessen Stiftung verwaltet und Aufsichtsratsvorsitzer des Konzerns ist. Und der ›letzte Krupp‹, Alfrieds einziger Sohn Arndt v. Bohlen und Halbach, bezieht eine jährliche Rente in siebenstelliger Höhe aus dem Krupp-Vermögen und hat daneben gewaltigen Grundbesitz, Beteiligungen und manches andere geerbt.

Kurz, es läßt sich sagen, daß Reichtum und Macht der Familie Krupp durchaus noch vorhanden sind, nur ist die Macht vom – unternehmerisch wenig befähigten – leiblichen Erben auf Beitz, den Vertrauensmann des verstorbenen Industriemagnaten, übergegangen.

Angemerkt sei, daß eine selbständige Tochter der Essener Fried. Krupp GmbH, die *Krupp Stahl AG*, Bochum, die ihrerseits ein eigenes Konzernreich mit rund 35 000 Beschäftigten und etwa 6 Milliarden DM Umsatz gebildet hat und auf Platz 50 der größten bundesdeutschen Industrieunternehmen rangiert, zu 70,4 Prozent der Essener Stammfirma gehört, zu 25,1 Prozent dem iranischen Staat.

Bei Thyssen ist die Lage folgendermaßen:

Die *Thyssen AG vormals August Thyssen-Hütte (ATH)*, die

Führungsgesellschaft der Thyssen-Gruppe, zu der zahlreiche Konzern- und Beteiligungsgesellschaften in der Bundesrepublik, den USA und anderswo in der Welt gehören, ist zu rund zwei Dritteln in Streubesitz, und es gibt etwa 160 000 Aktionäre. Aber die beherrschende Stellung der Erben des 1951 verstorbenen Industriemagnaten Fritz Thyssen ist gewährleistet: Fritz Thyssens Tochter Anita Gräfin de Zichy-Thyssen und deren Söhne halten über ihre Vermögens- und Beteiligungsverwaltungen mit über 25 Prozent des Aktienkapitals die Sperrminorität an dem mit knapp 30 Milliarden DM Industrieumsatz auf Platz 8 der Rangliste liegenden Konzerns. Darüber hinaus sind 9 Prozent des Aktienkapitals bei der mit Aktien im Nennwert von 100 Millionen DM ausgestatteten Thyssen-Stiftung, bei der die Familie ebenfalls das Sagen hat. Und im Thyssen-Aufsichtsrat ist sie durch Claudio Graf Zichy-Thyssen, einen der Enkel Fritz Thyssens, vertreten.

Neben der Thyssen AG gibt es indessen auch noch die *Thyssen Industrie AG*, Essen, die zu 90 Prozent der Thyssen AG gehört, aber als selbständiges Unternehmen mit einem Umsatz von zirka 5 Milliarden DM etwa an 50. Stelle unter den Industrieriesen der Bundesrepublik rangiert. Des weiteren gibt es die *Thyssen Edelstahl AG*, Düsseldorf (über 2 Milliarden DM Umsatz, etwa an 100. Stelle) und die *Thyssen Stahl AG*, Duisburg, sowie die *Thyssen Handelsunion AG*, Düsseldorf, von der noch die Rede sein wird, wenn wir uns mit den Handelsriesen befassen, deren Umsätze weit höher liegen und mit denen der Industrieunternehmen nicht vergleichbar sind.

Es gibt außerdem noch Dutzende von anderen bedeutenden Thyssen-Beteiligungen, von denen die meisten aber nicht der Gräfin Anita de Zichy-Thyssen oder deren Söhnen, sondern anderen nahen und fernen Vewandten gehören und die alle aufzuzählen viele Seiten füllen würde. Erwähnt seien hier nur die sehr umfangreichen Besitztümer, die Baron Heinrich Thyssen-Bornemisza hinterlassen hat und die großenteils im Ausland angelegt sind, sowie die 21prozentige Beteiligung der Erben von Hans und Julius Thyssen an der *TN Telefonbau und Normalzeit Lehner & Co* (Umsatz: fast 2 Milliarden DM; Platz 137), wo Hans Eberhard Thyssen und Hans Josef Thyssen im Aufsichtsrat sitzen.

An Reichtum und Industriemacht fehlt es den Erben von August Thyssen also auch heute keineswegs, und das gilt in fast noch stärkerem Maße auch für unser drittes Beispiel, die Angehörigen der Familie Haniel, die über fast zwei Jahrhunderte hinweg die Herrschaft über ihr Stammunternehmen, die Gutehoffnungshütte in Oberhausen, behalten haben.

Die ›Hütte zur guten Hoffnung‹ gehörte um 1800 der Essener Familie Krupp, die schon recht wohlhabend war, aber von ihrer späteren Gußstahlfabrik noch nicht einmal träumen konnte. Im Gegenteil: Alle Versuche, Stahl nach englischem Vorbild herzustellen mißlangen, und 1808 mußte eine Witwe Krupp die Gutehoffnungshütte verkaufen. Eine Gruppe Düsseldorfer Geschäftsleute, die Herren Gerhard und Franz Haniel, deren Schwager Heinrich Huyssen und ein weiterer Haniel-Verwandter, Gottlob Jacobi, kauften damals das Oberhausener Unternehmen, das vornehmlich Küchen- und Ackergeräte sowie Kanonenkugeln, erst für die preußische Armee, dann für die Truppen Napoléons I., danach wieder für die siegreichen Preußen, herstellte.

Heute ist die *Gutehoffnungshütte Aktienverein AG* (GHH), Oberhausen, nach eigener Darstellung »*Holding von Unternehmen in den Bereichen Maschinen- und Anlagenbau, Engeneering, Handel, Eisenverformung, Kabeltechnik, NE-Metallverarbeitung. Die Gruppe gilt als größter Konzern der schwerindustriellen Weiterverarbeitung in Westeuropa.*« Mit rund 16 Milliarden DM Industrieumsatz nimmt der GHH-Konzern meist einen der ersten fünfzehn Plätze in der Rangliste der industriellen Großunternehmen der Bundesrepublik ein und hat fast 90 000 Beschäftigte.

Zu den wichtigsten Beteiligungen des GHH-Konzerns gehört der M.A.N.-Konzern mit knapp 9 Milliarden DM Umsatz und einem Platz unter den ersten Dreißig der Rangliste. M.A.N. gehört der GHH zu 75 Prozent.

Und wem gehört der GHH-Konzern?

Darüber sagt der *Wegweiser durch deutsche Unternehmen* der Hypo-Bank: »*Mehr als 50 Prozent des Stammkapitals in Form eines Aktienpools sind im Besitz der Familie Haniel und der Regina-Verwaltungsgesellschaft (an der die Münchner Rück, zwei Allianz-Gesellschaften und die Commerzbank zu je einem Viertel beteiligt sind). Weitere 10 Prozent sind in festen Händen*« – in wessen, verrät das Handbuch zwar nicht, man kann aber vermuten, daß es die Reusch-Erben sind.

Vorsitzender des GHH-Aufsichtsrats ist jedenfalls ein Ururenkel eines der Käufer der ›Hütte zur guten Hoffnung‹, Klaus Haniel, und der Pool-Vertrag mit den *Regina*-Partnern sichert ihm und damit auch der von ihm repräsentierten Haniel-Huyssen-Jacobi-Sippe weiterhin das Sagen beim GHH-Konzern, dem Kernstück Hanielschen Reichtums seit fast 180 Jahren, wobei angemerkt sei, daß es noch andere wertvolle Haniel-Besitztümer gibt, von denen im Kapitel über die Handelsriesen die Rede sein wird.

Die Haniels und, wie wir bereits wissen, auch die Thyssen-, die Krupp-, die Siemens- und die Bosch-Sippe, haben also das Kunststück fertiggebracht, den von ihren Ur- und Ururgroßeltern erworbenen Reichtum über Generationen hinweg zu erhalten, alle Katastrophen zu überstehen, die den Wohlstand der meisten anderen Deutschen vernichtet haben. Weder die totale Geldentwertung der frühen 20er Jahre noch die Weltwirtschaftskrise von 1929 bis 33, noch die Zerstörung und Zerstückelung Deutschlands im und nach dem Zweiten Weltkrieg haben sie ruiniert, auch nicht die Währungsreform von

1948, die die Ersparnisse der kleinen Leute mit einem Feder-
strich um 93,5 Prozent verminderte.

Doch ehe wir uns näher mit der Erklärung dieses scheinbaren
Wunders befassen, sei klargestellt, daß nicht nur die hier
genannten Industriemagnaten, sondern nahezu der gesamte
Besitz der alten Geld- und Macht-Elite intakt über alle Klip-
pen kam, so daß die Haniels, Siemens' oder auch Krupp
v. Bohlen und Halbachs keineswegs Ausnahmen bilden, sondern der Regelfall sind! (Deshalb ist im *ABC des großen
Geldes* jeweils vermerkt, wie alt der Reichtum der einzelnen
Giganten ist, und wir werden feststellen können, daß zwar
viele Neureiche hinzugekommen sind, das Gros des alten
Reichtums aber erhalten geblieben, ja meist noch beträchtlich
vermehrt worden ist.)

Wie hat die alte Geld- und Macht-Elite dieses Kunststück
fertiggebracht?

Lassen wir die länger zurückliegenden Katastrophen vorerst
beiseite und begnügen wir uns mit der Enträtselung des Phä-
nomens, daß der Zweite Weltkrieg, der mit der bedingungslosen Kapitulation des ›Tausendjährigen Reiches‹ der Nazis
endete, zwar unsere Städte und Industriezentren verwüstete,
das frühere Deutschland zerstückelte, Abermillionen Deutsche um Heimat und Habe brachte und die Ersparnisse des
ganzen Volkes kostete, aber den Reichtum der Allerreichsten
verschonte, ja im Ganzen gesehen sogar noch beträchtlich
vermehrte, obwohl doch gerade diese Superreichen und
Mächtigen wesentlich dazu beigetragen hatten, Hitler an die
Macht zu bringen; obwohl sie am meisten von der Aufrü-
stung, von den Angriffskriegen und von der anschließenden
Ausplünderung der eroberten Länder, von der Verschlep-
pung von Millionen Zwangsarbeitern nach Deutschland und
von dem Raub des gesamten Eigentums der Juden profitiert
hatten.

Die Antwort ist sehr einfach: Weil den westlichen Siegermächten, die im Gebiet der heutigen Bundesrepublik die Weichen für die Nachkriegsentwicklung stellten, nichts mehr am Herzen lag, als die Bewahrung oder Wiederherstellung der kapitalistischen Wirtschafts- und Gesellschaftsordnung in ihren Besatzungszonen, die sie zu einem Bollwerk gegen jede Art von Sozialismus machen wollten. Die wesentlichen Voraussetzungen dafür wurden dann mit der Währungsreform und dem sogenannten ›Lastenausgleich‹ geschaffen.

»Natürlich war die Behandlung der kleinen Leute so ungerecht wie nur möglich«, schrieb im Rückblick auf diese einschneidenden Maßnahmen der späten 40er Jahre der Wirtschaftsjournalist Kurt Pritzkoleit, als er das 1950 beginnende ›Wirtschaftswunder‹ näher untersuchte. »Aber danach fragten die Militärgouverneure nicht. Sie hatten eine harte Währungsreform gemacht, um die alte Ordnung der Dinge, die freie Marktwirtschaft, die den Vorstellungen der westlichen Welt entsprechende kapitalistische Wirtschaft wiederherzustellen. Deshalb waren die Sachwertbesitzer, die Produzenten industrieller und landwirtschaftlicher Güter, im Übermaß begünstigt worden: Sie waren ungeschmälert im Besitz ihres Sachkapitals geblieben, ... der ganzen Fülle der produktiven Besitztümer, die durch Kriegs- und Kriegsfolgeschäden viel weniger gelitten hatte, als man damals noch ahnte. Sie würden es bald erleben, daß der Wert ihrer Fabriken und Horte« – und natürlich auch der ihres Grundbesitzes – »wesentlich anstieg; sie waren von 90 Prozent ihrer Verbindlichkeiten befreit worden – und das alles, weil sie als die Garanten der Zukunft galten. Erst später würde man übersehen können, mit welchen Gewinnen die Herren und Hüter der Sachwertwelt aus der Währungsreform hervorgegangen waren...«

Noch weit besser als die Großhändler, die Waren gehortet hatten, als die Fabrikanten und Gutsbesitzer, die alle Schulden los waren und das Eigentum an ihren Produktionsmitteln behalten hatten, kamen – auch das zeigte sich erst ein paar Jahre nach der Währungsreform – die Großaktionäre der westdeutschen Industrie- und Bankkonzerne, Versicherungen, Kauf- und Warenhäuser sowie sonstiger Großunternehmen, aber auch der Großgrundbesitz, zumal der großstadtnahe, über die Runden.

Was beispielsweise die Großaktionäre der westdeutschen Stahlindustrie betraf, so erhielten sie beim Konzern der Vereinigten Stahlwerke – der damals das Thyssen-Industrieimperium darstellte – für jede alte Aktie im Nennwert von 1000 Reichsmark neue Aktien im Nennwert von 3070 DM!

Bei Mannesmann gab es für nominal 1000 RM »nur« 2000 DM. Bei der Gutehoffnungshütte 2850 DM, bei Hoesch 2866 DM, bei Klöckner 3333 DM in neuen Aktien.

Beim IG-Farben-Konzern (von dessen Gründerfamilien und Hauptaktionären noch die Rede sein wird) lichtete sich das Dunkel, in das bis dahin das Schicksal dieses größten, in die Verbrechen der Nazis besonders tief verstrickten Chemie-Trusts gehüllt gewesen war, erst dreieinhalb Jahre nach der Währungsreform von Juni 1948.

Die meisten Kleinaktionäre hatten bis dahin ihre IG-Farben-Aktien längst heimlich – der Handel damit war von den Alliierten verboten worden – und nur zu einem Bruchteil ihres Nennwerts verkauft. Bargeld war knapp, und sie befürchteten die Zerstückelung des um seine Produktionsstätten im Osten, nicht nur in Auschwitz, sondern auch in der DDR, ohnehin schon ärmer gewordenen und mit strengen Produktionsauflagen belasteten Konzerns, dem auch seine sämtlichen Patente abgenommen worden waren.

Diese Kleinaktionäre, die ihre IG-Farben-Anteile abstießen, konnten nicht ahnen, welchen Verlust sie damit auf sich nahmen. Die klügeren Großaktionäre hatten dagegen ihre IG-Farben-Aktienpakete behalten, und sie erhielten Ende 1951 für je 1000 RM Nennwert ihrer alten Papiere neue

Aktien, und zwar solche der IG-Farben-Nachfolger BASF, Farbwerke Hoechst und Bayer Leverkusen sowie der Casella Farbwerke im Nennwert von zusammen 770 DM, dazu Liquidationsanteilscheine im Wert von 145 DM, was ingesamt einer Umstellung im Verhältnis 100 Reichsmark = 91,50 DM entsprach (wogegen den Inhabern von Sparbüchern und Girokonten für 100 Reichsmark ganze 6,50 DM vergütet wurden).

Aber das war noch keineswegs alles: Bereits nach einigen Monaten verbesserte sich diese Umtausch-Quote, denn da wurden die Aktien der IG-Farben-Nachfolger an den Börsen schon weit über ihrem Nennwert notiert. Das Grundkapital der Nachfolgegesellschaften mußte unablässig erhöht werden, und jedesmal erhielten die Aktionäre, außer Dividenden, auch günstige Bezugsrechte auf junge Aktien.

Bei BASF beispielsweise stieg das Grundkapital von 100 000 DM im Jahre 1952 auf 2 056 482 200 zu Jahresbeginn 1983! Bei der Hoechst AG, die ebenfalls 1952 mit 100 000 DM Gründungskapital begann, ist es bis 1982 auf 2,35 Milliarden DM erhöht worden, bei Bayer-Leverkusen auf 2,13 Milliarden DM.

Nicht schlechter als die Großaktionäre, die ihr Vermögen durch die Währungsreform keineswegs verloren, sondern es zunächst behielten und dann häufig verdoppeln, verdreifachen, ja nicht selten sogar verzehnfachen konnten, fuhren die Haus- und Grundbesitzer. Ihr Immobilienvermögen blieb von dem harten Währungsschnitt zunächst unberührt. Ihre Miet- und Pachteinnahmen veränderten sich nicht, außer daß sie ihnen nun in harten DMark, anstatt in nahezu wertlosen Reichsmark gezahlt wurden.

Alle ihre Hypotheken- und sonstigen Schulden waren dagegen auf ein Zehntel zusammengestrichen worden! Diese offensichtliche Begünstigung der Immobilienbesitzer gegenüber den Sparern, Mietern und Pächtern sollte durch einen

›Lastenausgleich‹ und in dessen Rahmen durch eine Vermögensabgabe von 50 Prozent sowie durch Abgabe der Hypotheken- und Kreditgewinne an den Staat behoben werden. Doch schon das Prinzip dieses Lastenausgleichs, nämlich die Verteilung der zu leistenden Abgaben auf dreißig (!) Jahre, war eine weitere Ungerechtigkeit gegenüber allen denen, die sofort und radikal um 93,5 Prozent ihrer Ersparnisse gebracht worden waren. Aber damit nicht genug: Die Lastenausgleichsabgaben brauchten nicht aus dem Vermögen bezahlt zu werden; die Raten ließen sich, genau wie es der Absicht des Gesetzgebers entsprach, bequem aus dem laufenden Einkommen entrichten.

Auch hier waltete der Grundsatz: Je mehr einer hatte, desto mehr Rücksicht konnte auf ihn genommen werden. Das stand zwar nicht im Gesetz, es ergab sich aber so aus der Praxis.* Der einzelne Haus- und Grundeigentümer, zumal wenn ihm nur ein bescheidenes Eigenheim, ein kleiner Hof oder ein aus eigenen Ersparnissen erbautes Mietshaus gehörte, hatte wenig Chancen, seine Abgaben im Rahmen des ›Lastenausgleichs‹ drastisch zu vermindern; er konnte nur die etwa entstandenen Kriegsschäden und die Kosten ihrer Beseitigung in Abzug bringen, ansonsten allenfalls eine besondere Notlage geltend machen.

Dagegen hatten Großgrundbesitzer mit riesigen Vermögen in Zigmillionen- oder auch Milliardenhöhe so vielfältige und großzügig gestaltete Verrechnungsmöglichkeiten, daß sie häufig so gut wie gar nichts zu bezahlen brauchten und sogar, infolge der rasch einsetzenden enormen Wertsteigerungen für Haus- und stadtnahen Grundbesitz, noch um vieles reicher

---

*Eine ausführliche Darstellung der Währungsreform, des Lastenausgleichs und anderer Maßnahmen zur vollen Wiederherstellung kapitalistischer Verhältnisse findet sich in: Bernt Engelmann, »Wie wir wurden, was wir sind«, München, 1980; Goldmann-Taschenbuch Nr. 6388.

wurden. Das wirft die Frage auf, ob es in der Bundesrepublik denn überhaupt so großen Grundbesitz gibt, daß sein Wert ein Hundertmillionen- oder gar Milliarden-Vermögen darstellt, und ob sich solcher Immobilienreichtum tatsächlich im Eigentum eines einzelnen Bürgers oder einer Familie befinden kann. Anders als bei Industriekonzernen genügt bei Großgrundbesitz ja nicht eine Aktienmehrheit oder ein Paket mit vielfachem Stimmrecht, um das alleinige Sagen zu haben, wobei angemerkt sei, daß es Gesellschaften gibt, die von Vorzugsaktionären mit mehr als 440fachem Stimmrecht je Aktie beherrscht werden. Und eine weitere Frage stellt sich:

Da es kaum vorstellbar ist, daß sich Grundbesitz einer Familie im Wert von vielen hundert Millionen oder gar Milliarden D-Mark erst in jüngster Zeit und unbemerkt von Presse und öffentlich gebildet haben kann und solcher Grundbesitz folglich vor dem Zweiten, womöglich vor dem Ersten Weltkrieg erworben worden sein müßte, wäre doch zu vermuten, daß das allermeiste davon längst nicht mehr in privater Hand sei. Die Latifundien der deutschen Großgrundbesitzer lagen ja vornehmlich, wie man weiß, östlich der Elbe, in Gebieten, die entweder heute polnisch oder sowjetisch sind oder zur Deutschen Demokratischen Republik gehören, die im Zuge einer Bodenreform den gesamten privaten Großgrundbesitz unter der Parole »Junkerland in Bauernhand« entschädigungslos enteignet hat. Und – nur der Vollständigkeit halber sei es hier angemerkt – schließlich hat es auch im Westen, in der heutigen Bundesrepublik, zumal in der amerikanischen Zone, eine Bodenreform gegeben.

Welchen nennenswerten bundesdeutschen Großgrundbesitz in privater Hand kann es denn da noch geben?

Unsere Großgrundbesitzer

Wenn auch die meisten der früheren deutschen Großgrundbesitzer ihre Latifundien östlich der Elbe hatten – nach einer
Statistik von 1930 mehr als 85 Prozent! –, so gab es doch auch
im Gebiet der heutigen Bundesrepublik etliche Eigentümer
von Ländereien riesigen Ausmaßes.

Das führte dazu, daß schon bald nach dem Ende des Zweiten
Weltkrieges, als in den drei westlichen Besatzungszonen
Abermillionen von Flüchtlingen und Vertriebenen einström-
ten, sogar die Amerikaner der Meinung waren, nun wäre eine
Bodenreform fällig, teils – wie es in den Ausführungsbestim-
mungen zum Alliierten Kontrollratsgesetz Nr. 48 hieß, die
vom US-Militärbefehlshaber in Bayern erlassen wurden –
*»zur endgültigen Ausschaltung des Einflusses der Junker und
nazistischen Großgrundbesitzer«*, teils zur Beschaffung des
dringend benötigten Siedlungslandes für die landlosen Bau-
ern aus den jetzt polnischen Gebieten, aus der Tschechoslo-
wakei und aus Südosteuropa.

Zwar gab es in Bayern keine ›Junker‹, weil diese Bezeichnung
nur auf die Rittergutsbesitzer Ostelbiens angewandt wurde,
und die meist hocharistokratischen Grundherren Bayerns
mochten stockkonservativ oder auch reaktionär sein – Nazis
waren nur sehr wenige gewesen. Jedenfalls waren sie samt
und sonders empört über das Ansinnen, daß sie von ihren
Gütern ein paar Parzellen Siedlungsland abgeben sollten –
womöglich umsonst! Das war, so fanden sie, Bolschewismus
allerschlimmster Art, und dergleichen hätten sie den Amerikanern niemals zugetraut! Sie sahen sich bereits am Rande des
Ruins.

Indessen wurde schon damals nichts so heiß gegessen, wie es

gekocht worden war. Wie diese Bodenreform in Bayern dann tatsächlich vor sich ging, macht am deutlichsten ein Verfahren, das einen der wenigen Großgrundbesitzer des Freistaats betraf, von dem sich mit einigem Recht sagen ließ, daß er zur Nazi-Prominenz gehört hatte.

Dieser Großgrundbesitzer hieß August v. Finck und hatte schon vor 1933 zu den Bewunderern Hitlers gehört. Er war gleich nach dessen Machtübernahme der Nazi-Partei beigetreten und dann vom ›Führer‹ zum Senator der Deutschen Akademie, zum Mitglied des Generalrats der Deutschen Wirtschaft ernannt, sogar ins Präsidium der Akademie für Deutsches Recht berufen worden, zusammen mit den (später als Kriegsverbrecher hingerichteten) Reichsministern Frank und Frick sowie dem Chefpropagandisten Dr. Goebbels.

So ausgezeichnet, hatte August v. Finck 1938 zunächst das Berliner Bankhaus J. Dreyfus in ›arischen‹ – nämlich seinen – Besitz überführen dürfen, und wenig später konnte er sogar die Wiener Rothschild-Bank ›arisieren‹.

So war es kein Wunder, daß August v. Finck gleich nach dem Einmarsch der Amerikaner in Bayern verhaftet und eingesperrt, nach einigen Monaten auf freien Fuß gesetzt, aber mit Berufsverbot bedacht worden war. Auch sein gesamtes Vermögen wurde beschlagnahmt und kam unter Treuhänderschaft bis zum rechtskräftigen Abschluß des gegen ihn eingeleiteten Spruchkammer-Verfahrens, das sich einige Jahre hinzog. August v. Finck kam dann am Ende äußerst glimpflich davon, wurde – es war schon Kalter Krieg zwischen West und Ost, und im Westen übte man nun Nachsicht mit den als verläßliche Antikommunisten geschätzten Nazis – als bloßer ›Mitläufer‹ eingestuft und mit einem Bußgeld bestraft, das er aber nicht bezahlte, sondern sich auf dem Gnadenwege erlassen ließ.

Im Zuge der eingeleiteten Bodenreform sollte v. Finck von seinem sehr ausgedehnten Landeigentum zunächst 575 Hektar abtreten. Sein Treuhänder kämpfte um jeden Quadratmeter und brachte es fertig, die Forderung auf 271 Hektar zu senken – für bayerische Verhältnisse noch immer ein sehr großes Stück Land, obwohl, wie wir noch sehen werden, diese Fläche für August v. Finck nur eine Bagatelle darstellte.

Mit der Verminderung der Abgabe auf 271 Hektar schien die Angelegenheit erledigt zu sein, war es aber keineswegs. Denn Jahre später stellten die Behörden verwundert fest, daß rund die Hälfte der abzutretenden Fläche – wohl durch ein Versehen – im Eigentum des Herrn v. Finck verblieben war.

Anstatt dieses Versäumnis sofort zu berichtigen, erstatteten die bayerischen Behörden ihm aber noch weitere 41 Hektar zurück – »zum Zwecke des endgültigen Abschlusses des Verfahrens«, wie es in der Begründung hieß. Und bis 1965 gab der Freistaat August v. Finck nochmals 70 Hektar zurück.

Damit nicht genug, begann nun ein weiteres Possenspiel, denn jetzt fühlte sich die bayerische Staatsregierung verpflichtet, August v. Finck und die wenigen anderen gleich nach dem Kriege so brutal enteigneten Großgrundbesitzer ›angemessen‹ zu entschädigen. Dafür wurden aus Steuermitteln insgesamt rund 72 Millionen DM bereitgestellt und ausbezahlt. Alle, die ein paar Parzellen abgetreten hatten, fühlten sich reichlich entschädigt – nur August v. Finck nicht. Er forderte für sich allein, obwohl er sein ursprüngliches Abgabesoll zu annähernd 95 Prozent *nicht* erfüllt hatte, erst 52, dann 34 Millionen DM.

Was er dann tatsächlich erhielt und wieviel er noch nebenher an dieser Bodenreform-Posse vedient hat, läßt sich nur grob schätzen. Experten gaben Herrn v. Fincks Gewinn mit »weit über 100 Millionen DM« an. Es scheint, daß er bei einer einzigen Transaktion, als ihm der Freistaat gestattete,

45 Hektar am Stadtrand von München durch Tausch – und damit praktisch zum Quadratmeterpreis von nur 1 DM – zurückzuerwerben, mehr als nur etliche Millionen allein dadurch verdiente, daß er einen Teil dieses Terrains einer gemeinnützigen Baugenossenschaft zur Errichtung einer Trabantenstadt für rund zehntausend wohnungssuchende Münchner weiterverkaufte – zum Quadratmeterpreis laut eigener Angabe von etwa 65 DM...

Kurz, August v. Finck konnte mit dem Verlauf der bayerischen Bodenreform ebenso zufrieden sein wie mit dem seiner Entnazifizierung. Es gehörten ihm nämlich – und gehören heute seinen Erben – allein im Großraum München rund 2000 Hektar (= 20 Millionen Quadratmeter) Bau- und Bauerwartungsland – Platz genug für vierzigtausend Eigenheime mit Garten!

Aber das war (und ist) keineswegs alles: Weite Teile der oberbayerischen Erholungsgebiete, vorzugsweise Seeufer, auch ein ganzer 53 Hektar großer Voralpen-See, ferner eines der größten und schönsten Jagdreviere im Karwendelgebiet gehören der Familie v. Finck, auch ganze Straßenzüge der Münchner Innenstadt.

Das alles ist indessen nur der, sozusagen, private Grundbesitz der von Finck dessen Wert schon vor fünfzehn Jahren auf mehr als 2 Milliarden DM geschätzt wurde und inzwischen noch wesentlich wertvoller geworden ist. Indirekt, nämlich durch ihre Beteiligungen an grundstücksreichen Unternehmen wie Großbrauereien, Versicherungen, Banken, Industrie- und Elektrizitätswerken sowie einer Privateisenbahn, gehört der Familie ein noch weit größerer städtischer und ländlicher Besitz an Grundstücken aller Art. Übrigens handelt es sich bei v. Fincks um die Alleineigentümer des Privatbankhauses Merck, Finck & Co, das für 1983 eine Bilanzsumme von über 2,5 Milliarden DM auswies.

So sind die v. Fincks eigentlich nicht in erster Linie Großgrundbesitzer, sondern Bankiers. Aber gerade eine solche Kombination von Geld- und Kapitalmacht mit riesigen Latifundien ist typisch für eine bestimmte Gruppe von Superreichen der Bundesrepublik.

Die v. Fincks, denen wir nochmals begegnen werden, wenn wir uns mit der Frage *Wer ist der Reichste im ganzen Land?* zu beschäftigen haben, sind jedoch insofern eine Ausnahme unter den Großgrundbesitzern unseres Landes, als sie nicht zum Hoch-, auch nicht zum alten Adel gehören. Ihr Prädikat haben sie erst seit 1905, als August v. Fincks Vater in den sogenannten ›Reichsrat der Krone Bayern‹ berufen und bei dieser Gelegenheit geadelt wurde.

Hingegen sind die meisten anderen westdeutschen Großgrundbesitzer von fast durchweg sehr altem und hohem Adel, und ihre ausgedehnten Latifundien sind im allgemeinen bereits seit Jahrhunderten Eigentum ihrer Familien. Erworben wurden sie auf unterschiedlichste Weise: durch Schenkung, Erbschaft, Kauf, Heirat oder auch schlicht durch Wegnahme mit oder ohne Gewalt.

Beginnen wir mit einem der größten Grundbesitzer unseres Landes, dessen Name und Vermögen schon in anderem Zusammenhang kurz erwähnt wurden: dem Füstenhaus Thurn und Taxis, das seit über zweihundert Jahren in Regensburg residiert.

Die Familie Taxis, wie sie ursprünglich hieß, gehört – allen Versuchen ihrer Hofhistoriographen zum Trotz, ihr sehr erlauchte und berühmte Ahnen anzudichten – zu den jüngeren deutschen Hochadelsgeschlechtern. Die Taxis kamen als zunächst noch recht bescheidene, aber geschäftstüchtige Postunternehmer erst zu Beginn der Neuzeit zu Wohlstand und dann auch zu immer höherem Rang. Erst 1512 wurden sie geadelt, 1608 zu Freiherren, 1624 zu Grafen und 1695 zu Reichsfürsten befördert, aber volle Anerkennung als solche erlangten sie erst 1754, als ihre ›Reichs-Erb-General-Postmeister‹-Würde zum Reichsthronlehen erklärt wurde. Bereits fünfzig Jahre später war es mit dem Heiligen Römischen Reich deutscher Nation und der Macht ihrer wichtigsten Förderer, des Habsburger Kaisers und der geistlichen Fürsten, in Deutschland vorbei. Allerdings konnten die Thurn und Taxis, wie sie sich nun schon nannten, noch einige Jahrzehnte lang von ihrem Postmonopol zumindest in Süddeutschland profitieren.

Mit diesem Monopol, dem Recht zur Beförderung von Briefen und Personen, sowie mit der Verwertung von Informationen, die sie sich unter Bruch des Postgeheimnisses verschafften, waren sie aber schon im Verlauf des 17. und 18. Jahrhunderts außerordentlich reich geworden und hatten sich Ländereien im Umfang eines stattlichen Fürstentums im – heute zu Belgien gehörenden – Hennegau zugelegt. Seit 1702 residierten sie aber nicht mehr in Brüssel, dem damaligen Zentrum der habsburgischen Niederlande, sondern in Frankfurt am Main, seit 1754 in Regensburg, wo sie als Vertreter des Kaisers beim Reichstag fungierten. Ihr Fürstentum in Belgien ging 1801 verloren, doch wurden sie dafür in Deutschland reich entschädigt – auf Kosten ihrer bisherigen Gönner, der geistlichen Fürsten. Sie erhielten die Ländereien zweier reicher Abteien und eines Damenstifts, dazu die landesherrliche Souveränität, die aber schon bald an Mächtigere abgetreten werden mußte. Von 1810 an unterstanden die Fürsten von Thurn und Taxis der Krone Bayerns.

Immerhin bekamen sie für den Verlust der Landesherrlichkeit wie des Postregals vom Bayernkönig die ehemalige Reichsabtei St. Emmeran in Regensburg, vom König von Preußen das Fürstentum Krotoschin in Preußisch-Polen, schließlich für den Verlust aller übrigen Postregale im einstigen Reich die stolze Summe von 3 Millionen Talern, die sie gut anlegten – teils in ausgedehntem Grundbesitz in Süddeutschland, teils in Aktien der gerade in Gründung befindlichen Bayerischen

Vereinsbank, an der das Fürstenhaus noch heute mit mindestens fünf, möglicherweise auch zehn Prozent des – inzwischen auf rund 500 Millionen DM angewachsenen – Grundkapitals beteiligt ist, wobei angemerkt sei, daß die Vereinsbank-Aktien gegenwärtig zu etwa dem Vierfachen ihres Nennwerts an der Börse gehandelt werden, also etwa 100 bis 200 Millionen DM erbringen würden.

Im Aufsichtsrat der Bayerischen Vereinsbank AG, deren Bilanzsumme über 100 Milliarden DM beträgt, saß und sitzt stets ein Vertreter der fürstlichen Interessen, gegenwärtig der derzeitige ›Chef des Hauses‹, Fürst Johannes, und dieser ist auch – mit rund 36 000 Hektar Grundbesitz, vornehmlich in der Oberpfalz, in Württemberg und in Unterfranken sowie mit einer Vielzahl von Schlössern und ausgedehntem Hausbesitz in Regensburg und anderswo – einer der drei größten Immobilieneigentümer der Bundesrepublik.

Angemerkt sei, daß die Thurn und Taxis auch gewaltige Ländereien in Brasilien und Kanada aufgekauft haben; daß sie eine eigene Großbrauerei (»Thurn und Taxis-Pils«) in Regensburg, eine eigene Privatbank (»Fürst Thurn und Taxis-Bank«) mit etlichen Filialen sowie einigen Industriebesitz haben, darunter mehrere Baustoff- und Dachziegelwerke, etliche Pforzheimer Goldverarbeitungsbetriebe sowie Beteiligungen, beispielsweise an der Flachglas AG (Umsatz: rund 1,2 Milliarden DM).

Mit alledem gehört das Fürstenhaus Thurn und Taxis ohne Zweifel zu den bundesdeutschen Milliardären, wobei die Basis ihres enormen Reichtums ihr Großgrundbesitz ist, der mit großer Wahrscheinlichkeit an Umfang von keinem anderen privaten Grundbesitz hierzulande übertroffen wird.

Außer den v. Finckschen Immobilien, die wahrscheinlich wertvoller sind als der meist nur land- und forstwirtschaftlich nutzbare Grundbesitz der Fürsten Thurn und Taxis, gibt es in der Bundesrepublik nur noch ein privates Grundeigentum, das sich nach Umfang *und* Wert mit beiden vielleicht noch messen kann: das der Herzöge und Prinzen von Arenberg. Schon 1913 war Engelbert IX. Herzog von Arenberg, einer der Führer des katholischen Zentrums im Reichstag, der mit Abstand reichste Großgrundbesitzer Westfalens. Er versteuerte an seinem Wohnsitz, Schloß Nordkirchen, Regierungsbezirk Münster, ein geschätztes Vermögen von 63 Millionen Mark.

Seine Ländereien, etwa 30 000 Hektar, lagen teils in Westfalen, teils in der Rheinprovinz und im heutigen Niedersachsen. Darüber hinaus aber hatten die Herzöge von Arenberg noch riesige Besitztümer und Aktienpakete im Ausland, vor allem in Belgien, Luxemburg, Frankreich und Lateinamerika. Auch gab es (und gibt es noch heute) neben dem jeweiligen Familienoberhaupt weitere sehr reiche Familienmitglieder. So versteuerte der mit der Schwester des Herzogs Engelbert verheiratete Vetter beider, Prinz Johann auf Schloß Pesch bei Düsseldorf, weitere 22 Millionen Mark Vermögen. Ihren in Westdeutschland gelegenen Großgrundbesitz verdankten die Herzöge von Arenberg den Umwälzungen der Französischen Revolution und der napoleonischen Epoche: 1801 mußten sie auf alle Besitztümer links des Rheins verzichten, erhielten aber als Entschädigung Teile des aufgelösten Bistums Münster und des Kurerzbistums Köln als nunmehriges souveränes Herzogtum Arenberg. Damals heiratete Herzog Prosper eilig eine Nichte Napoléons, wohl in der Hoffnung, von diesem verschont zu werden – vergebens, denn der Franzosenkaiser nahm ihm sein Ländchen wieder ab. Nach Napoléons Sturz, rascher Scheidung und sofortiger Wiederverheiratung, nun mit einer Prinzessin, die am Wiener Kaiserhof und bei Metternich in hoher Gunst stand, bekam der Herzog auf dem Wiener Kongreß zwar nicht die Souveränität, aber seine rheinisch-westfälischen Ländereien wieder zurück, die nun zum Königreich Preußen gehörten, dazu etliche Privilegien, darunter das sogenannte Bergregal in der Grafschaft Recklinghausen, die kurkölnisch, dann arenbergisch gewesen war. Diese Pfründe erwies sich bald als wahre Goldgrube, denn als die Industrialisierung stürmische Fortschritte zu machen begann und immer mehr Kohle benötigt wurde, mußte jede Zeche, die die reichen Flöze im Gebiet der Grafschaft Recklinghausen abbauen wollte – auch die staatlichen Unternehmen des Königreichs Preußen – dem Herzog Abgaben zahlen. Erst 1919 gelang es dem nunmehrigen Freistaat Preußen, das Bergregal wieder an sich zu bringen, und zwar gegen eine – sehr reichliche – Entschädigung. Der vom Wiener Kongreß dem Hause Arenberg 1815 zugesprochene, ehemals kirchliche Grundbesitz aber blieb unangetastet, und ein Jahrhundert lang hatten die Herzöge für jede Tonne geförderter Kohle kräftig kassieren können und mit den Erlösen weitere Ländereien gekauft.

Heute umfassen die herzoglich Arenbergischen Latifundien in der Bundesrepublik, aufgeteilt in fünf Familien-Gesellschaften mit beschränkter Haftung und Sitz in Meppen, Nordkirchen, Recklinghausen, Düsseldorf und Schleiden in der Eifel, noch immer mindestens 30 000 Hektar, so daß wir die Herzöge von Arenberg getrost zu den DM-Milliardären rechnen können.

Ihre Heiratspolitik haben sie übrigens fortgesetzt: Entweder schlossen sie – zur Vermeidung einer Zersplitterung ihres riesigen Besitzes und nach dem Vorbild der Rothschilds – Ehen untereinander; Vettern heirateten Kusinen oder Onkel nahmen Nichten zur Frau. Oder sie gingen Verbindungen ein, von denen sie sich eine Stärkung und Sicherung ihrer Interessen versprechen konnten. So heiratete beispielsweise Prinzessin und Herzogin Rose-Sophie von Arenberg, geboren 1922, den Großgrundbesitzer Karl Theodor Freiherr von und zu Guttenberg, dem rund 10 000 Hektar Ländereien in Oberfranken, auch das Bad Neustadt an der Saale sowie das

berühmte Reichsrat v. Buhl'sche Weingut in Deidesheim gehörten.

Der Arenberg-Schwiegersohn Baron von Guttenberg, wie er
sich nannte, war dann bis zu seinem frühen Tod ein prominen-
tes Mitglied der bayerischen CSU und von 1966 bis 1969
Staatssekretär im Bundeskanzleramt unter Kurt Georg Kiesinger. Seit 1972 vertritt Guttenbergs Schwiegersohn, Franz-
Ludwig Graf Schenk v. Stauffenberg, am nachdrücklichsten
die Familieninteressen. Nach fünfjähriger Tätigkeit als Direk-
tionsassistent in der zum Flick-Konzern gehörenden Münchner Rüstungsschmiede Krauss-Maffei ist er Politiker geworden und seither auch CSU-Bundestagsabgeordneter.

Angemerkt sei, daß auch die Grafen Stauffenberg Großgrundbesitzer – in Baden-Württemberg – sind, doch mit weit weniger großen Latifundien als ihre Verwandten, die Barone zu
Guttenberg. Zu den wirklich großen Ländereien in Privatbesitz, die es hierzulande gibt, zählen dagegen, außer den schon
genannten der Thurn und Taxis, Arenberg und v. Finck, vor
allem die der – in alphabetischer Reihenfolge – folgenden
Familien:

– Markgrafen von BADEN, ca. 5000 Hektar in Baden, daneben
  Beteiligungen, u.a. an der Bodensee-Gerätetechnik GmbH,
  Überlingen. Auch die Deutsche Nemectron GmbH, Karlsruhe, gehört 100prozentig der Markgräflichen Hauptverwaltung, Schloß Salem.

– Grafen v. BAUDISSIN, ca. 4000 Hektar in Schleswig-Holstein.

– Herzöge und Prinzen von sowie Herzöge in BAYERN (Haus
  Wittelsbach), über 18 000 Hektar Grundbesitz in Bayern,
  mehrere Schlösser; Beteiligungen des ›Wittelsbacher Ausgleichsfonds‹ an der Bayerischen Vereinsbank AG; Herzogl. Brauhaus Tegernsee; Wildbad Kreuth. Der verstorbene Prinz Konstantin v. Bayern war Mitglied des Bundestages (CSU).

- Fürsten zu BENTHEIM, ca. 8000 Hektar in Niedersachsen.
- Grafen v. BERNSTORFF, über 7000 Hektar in Schleswig-Holstein und Niedersachsen.
- Fürsten von BISMARCK, über 7000 Hektar in Großstadtnähe (Schleswig-Holstein Nähe Hamburg, ›Sachsenwald‹) Fürst Otto von Bismarck, ein Enkel des kaiserlichen Reichskanzlers, war in der Weimarer Republik deutschnationaler Reichstagsabgeordneter, nach 1949 bis zu seinem Tode Mitglied des Bundestages (CDU).
- Freiherren v. BÖSELAGER, ca. 4000 Hektar in Nordrhein-Westfalen.
- Grafen von BROCKDORFF, ca. 4000 Hektar in Schleswig-Holstein.
- Freiherren Treusch v. BUTLAR-Brandenfels, ca. 3300 Hektar in Hessen.
- Fürsten zu CASTELL, umfangreicher Grundbesitz der 3 Linien sowie der Grafen v. Faber-Castell (Bleistifte-, Zeichengeräte-Hersteller); Fürstl. Castell'sche Bank Credit Casse (Bilanzsumme: um 500 Millionen DM); Bank-, Industrie- und Versicherungsbeteiligungen.
- Herzöge von CROY, ca. 5000 Hektar Grundbesitz in NRW.
- Freiherren v. DONNER, über 5000 Hektar Grundbesitz in und um Hamburg.
- Grafen von DROSTE zu Vischering, Großgrundbesitz zweier Linien, zusammen ca. 12 000 Hektar in NRW und Niedersachsen.
- Reichsfreiherren und Edle Herren v. und zu ELTZ-Rübenach, über 5000 Hektar Grundbesitz in NRW.
- Fürsten und Grafen zu ERBACH, Grundbesitz, vornehmlich im Odenwald, über 20 000 Hektar, verteilt auf 3 Linien.
- Grafen v. Faber-CASTELL (s. auch oben), ca. 5000 Hektar Grundbesitz in Bayern; umfangreiche Beteiligungen bei

Banken und Versicherungen; Alleininhaber A. W. Faber-Castell, Stein bei Nürnberg (ca. 4000 Beschäftigte).
- Freiherren v. FEURY, umfangr. Grundbesitz in Bayern (s. auch Freiherren v. Hirsch). Otto Frhr. v. Feury, geb. 1906, Ehrenpräsident (von 1955–77 Präsident) des Bayer. Bauernverbands; Mitglied des Bayer. Landtags (CSU) 1950–78.
- v. FINCK, über 4000 Hektar Grundbesitz in und um München sowie in Oberbayern. Näheres siehe S. 44 ff. und im *ABC*.
- Fürsten zu FÜRSTENBERG, ca. 19 000 Hektar Grundbesitz in Baden-Württemberg. Fürstl. Fürstenberg-Brauerei. Zahlreiche Industriebeteiligungen.
- Grafen von FÜRSTENBERG, ca. 15 000 Hektar Grundbesitz in NRW.
- Fürsten und Grafen von FUGGER, umfangreicher Grundbesitz in Bayern, verteilt auf 3 Linien, sehr wertvoller Schloß- und Kunstbesitz; Fürst Fugger Bank, Augsburg (Bilanzsumme: um 300 Millionen DM). Der verstorbene Fürst Josef Ernst v. Fugger-Glött war lange Jahre Mitglied des Bayerischen Landtags, dann des Bundestags (CSU).
- Grafen von GALEN, über 4000 Hektar Grundbesitz in NRW.
- Grafen und Freiherren von GROTE, ca. 5000 Hektar Grundbesitz in Niedersachsen.
- Freiherren von und zu GUTTENBERG, über 10 000 Hektar Grundbesitz in Franken und Rheinland-Pfalz. Näheres s. S. 51 ff. Karl Theodor Frhr. v. und zu Guttenberg war Mitglied des Bundestags (CSU) bis 1972, Staatssekretär im Bundeskanzleramt 1966–69.
- Grafen von HAHN, über 4400 Hektar Grundbesitz in Schleswig-Holstein.
- Prinzen von HANNOVER, Herzöge zu Braunschweig und Lüneburg, umfangreicher Grundbesitz in Niedersachsen.

- Freiherren v. HEEREMAN v. Zuydtwyck, über 1300 Hektar Grundbesitz, wertvoller städtischer Immobilienbesitz (Münster) in NRW. Constantin Frhr. Heereman v. Zuydtwyck ist Präsident des Deutschen Bauernverbands.
- Landgrafen und Prinzen sowie Großherzöge von HESSEN, umfangreicher Grundbesitz (zusammen über 10 000 Hektar).
- Freiherren von HIRSCH, ca. 1000 Hektar besonders wertvoller Grundbesitz am Starnberger See. Otto Frhr. v. Feury (Mutter: geb. Freiin v. Hirsch) Ehrenpräsident des Bayer. Bauernverbandes (s. Hirsch), MdL (CSU) bis 1978.
- Fürsten zu HOHENLOHE, ca. 15 000 Hektar Grundbesitz, verteilt auf mehrere Linien, in Bayern und Baden-Württemberg. Bank- und Industriebeteiligungen. Kraft Fürst zu Hohenlohe-Oehringen verheiratet mit Katharina v. Siemens.
- Fürsten zu HOHENZOLLERN-Sigmaringen, ca. 18 000 Hektar Grundbesitz in Baden-Württemberg, eigene Industriewerke.
- Fürsten von INN- UND KNYPHAUSEN, friesisches Häuptlingsgeschlecht, ca. 5000 Hektar Grundbesitz in Niedersachsen.
- Freiherren von JENISCH, ca. 3000 Hektar Grundbesitz in Schleswig-Holstein.
- Grafen zu KÖNIGSEGG-Aulendorf, ca. 3000 Hektar Grundbesitz in Baden-Württemberg.
- Grafen von LANDSBERG-Velen und Gemen sowie Grafen und Freiherren v. Bottlenberg-Landsberg, ca. 5000 Hektar Grundbesitz, verteilt auf mehrere Linien, in NRW.
- Fürsten zu LEININGEN, über 3000 Hektar Grundbesitz in Süd- und Westdeutschland.
- Fürsten von der LEYEN und zu Hohengeroldseck, über 1000 Hektar Grundbesitz, vornehmlich in Bayern.
- Fürsten zu LÖWENSTEIN-Wertheim, ca. 11 000 Hektar

Grundbesitz, verteilt auf 2 Linien, in Mainfranken. Udo Fürst von Löwenstein-Wertheim-Freudenberg ist mit 25 Prozent beteiligt an Held & Francke Bauaktiengesellschaft, München, (Umsatz: um 660 Millionen). Prinz Hubertus zu Löwenstein war Mitglied des Bundestags (CDU).

– von MAFFEI-Erben, Großgrundbesitzer in und um München, umfangreiche Industrie-, Bank- und Versicherungsbeteiligungen; u.a. eine 25prozentige Beteiligung an der Bayerischen Hypotheken- und Wechsel-Bank.

– Grafen von MERVELDT, ca. 6600 Hektar Grundbesitz in NRW.

– Fürsten von METTERNICH-Winneburg, sehr wertvoller Grundbesitz (Weinbau) im Rheingau (Schloß Johannisberg).

– Grafen von MOY de Sons, ca. 2300 Hektar Grundbesitz in Bayern; Gräfl. Moy'sches Hofbrauhaus, Freising.

– Grafen von der MÜHLE-Eckart, ca. 3300 Hektar Grundbesitz in Bayern.

– Fürsten zu MÜNSTER, ca. 3000 Hektar Grundbesitz in Niedersachsen, wertvolle Privatbankbeteiligung.

– Freiherren von NAGEL, ca. 5200 Hektar Grundbesitz in NRW; wertvolle Privatbankbeteiligung.

– Grafen von NEIPPERG, wertvoller Grundbesitz (Obst- und Gemüseanbau) in Baden-Württemberg.

– Fürsten zu ÖTTINGEN, über 6000 Hektar Grundbesitz in Bayern und Baden-Württemberg; Bankbeteiligung.

– von OPEL-Erben: ausgedehnter und wertvoller städtischer und ländlicher Großgrundbesitz; Näheres s. S. 63ff.

– Freiherren v. OPPENHEIM, Inhaber des Bankhauses Sal. Oppenheim jr & Cie, Köln; sehr umfangreicher und wertvoller Grundbesitz; umfangreiche Versicherungs- und Industriebeteiligungen.

– Grafen zu ORTENBURG, über 3000 Hektar Grundbesitz in Bayern.

- Freiherren von POSCHINGER, über 12 000 Hektar Grundbesitz in Bayern; Hyppolyt Frhr. v. Poschinger, geb. 1908, Mitglied und langjähriger Präsident des bayerischen Senats (CSU), Präsident des Bayerischen Waldbesitzerverbandes; wertvoller Industriebesitz sowie Bankbeteiligung.
- Grafen von PREYSING, ca. 3000 Hektar Grundbesitz in Bayern.
- Grafen von PÜCKLER und Limburg, ca. 3000 Hektar Grundbesitz in Bayern und Baden-Württemberg.
- Fürsten von QUADT zu Wyckradt und Isny, über 1500 Hektar Grundbesitz in Bayern und Baden-Württemberg.
- Grafen zu RANTZAU, ca. 8000 Hektar Grundbesitz in Schleswig-Holstein, verteilt auf mehrere Zweige.
- Grafen zu RECHBERG und Rothenlöwen, ca. 5000 Hektar Grundbesitz in Bayern und Baden-Württemberg.
- Grafen von REVENTLOW, ca. 12 700 Hektar Grundbesitz, verteilt auf mehrere Linien und Zweige, in Schleswig-Holstein und Niedersachsen.
- Freiherren RIEDESEL zu Eisenbach, ca. 13 000 Hektar Grundbesitz in Hessen. Eigene Industriebetriebe.
- Herzöge von SACHSEN-Coburg und Gotha, ca. 8700 Hektar Grundbesitz in Hessen und Bayern.
- Fürsten zu SALM, über 10 000 Hektar Grundbesitz, verteilt auf 3 Linien, in NRW.
- Fürsten zu SAIN und Wittgenstein, ca. 26 000 Hektar Grundbesitz in NRW und Niedersachsen; Industriebeteiligungen.
- Grafen von SCHAESBERG-Tannheim, ca. 6600 Hektar Grundbesitz in NRW und Baden-Württemberg.
- Fürsten zu SCHAUMBURG-Lippe, über 5000 Hektar Grundbesitz.
- Freiherren von SCHENCK zu Schweinsberg, über 2600 Hektar Grundbesitz in Hessen; Industriebeteiligungen.

- Grafen Schenk von STAUFFENBERG, über 5000 Hektar Grundbesitz in Baden-Württemberg und Bayern, verteilt auf mehrere Zweige; Industriebeteiligungen. Franz Ludwig Graf Schenk v. Stauffenberg ist Mitglied des Bundestages (CSU).
- Grafen SCHIMMELMANN af Lindenborg, über 2000 Hektar Grundbesitz in Schleswig-Holstein.
- Herzöge zu SCHLESWIG-HOLSTEIN, ca. 3500 Hektar Grundbesitz in Schleswig-Holstein; eigene Unternehmen und wertvolle Beteiligungen.
- Grafen von SCHLITZ genannt von Görtz, Grundbesitz, verteilt auf mehrere Zweige, zusammen über 11 000 Hektar, in Hessen.
- Grafen von SCHÖNBORN-Wiesentheid, ca. 2700 Hektar Grundbesitz in Bayern.
- Grafen von der SCHULENBURG, über 7000 Hektar Grundbesitz, verteilt auf mehrere Zweige, in Niedersachsen.
- Reichsgrafen von SPEE, ca. 8000 Hektar Grundbesitz, zum Teil in Großstadt und Großstadtnähe (NRW), verteilt auf mehrere Zweige.
- Fürsten und Grafen zu STOLBERG, über 4000 Hektar Grundbesitz, verteilt auf mehrere Zweige, in Hessen und Niedersachsen.
- Fürsten von THURN UND TAXIS, über 36 000 Hektar Grundbesitz in Bayern und Württemberg, zahlreiche Bank- und Industriebeteiligungen. Näheres s. S. 24 ff und S. 47 ff.
- Grafen zu TOERRING-Jettenbach, rund 4000 Hektar Grundbesitz in Bayern und Baden-Württemberg.
- Freiherren von TUCHER-Simmelsdorf, wertvoller Grundbesitz in und bei Nürnberg; Brauerei- und Bankbeteiligungen.
- Freiherren von TWICKEL, ca. 3600 Hektar Grundbesitz in NRW.

- Freiherren von VIETINGHOFF, ca. 3000 Hektar Grundbesitz, verteilt auf mehrere Stämme und Zweige, in NRW.
- Fürsten von WALDBURG, über 14 000 Hektar Grundbesitz in Bayern und Baden-Württemberg, verteilt auf 2 Linien, umfangreiche Zeitungs-, Verlags-, Industrie- und Handelsbeteiligungen.
- Fürsten zu WALDECK UND PYRMONT, über 14 000 Hektar Grundbesitz in NRW und Hessen.
- WERHAHN, sehr ausgedehnter und wertvoller Grundbesitz in NRW und West-Berlin (Meierei C. Bolle); ausgedehnte Braunkohlenfelder im Köln-Aachener Revier. Näheres s. Seite 15 ff und S. 74 ff.
- Grafen von WESTPHALEN zu Fürstenberg, ca. 13 000 Hektar Grundbesitz in NRW.
- Fürsten zu WIED, ca. 8000 Hektar Grundbesitz im Rheinland sowie Industriebeteiligungen.
- Grafen WOLFF-Metternich zur Gracht, ca. 6000 Hektar Grundbesitz in NRW.
- Fürsten von WREDE, ca. 2400 Hektar Grundbesitz in Bayern.
- Herzöge von WÜRTTEMBERG, ca. 18 000 Hektar Grundbesitz in Württemberg, Bank- und Industriebeteiligungen.
- Fürsten zu YSENBURG und Büdingen, ca. 10 000 Hektar Grundbesitz in Hessen; Industrie- und Bankbeteiligungen.

Die hier aufgezählten 86 und einige weitere Familien, von denen noch in anderem Zusammenhang die Rede sein wird, fast ausnahmslos von Adel und zumeist zur Hocharistokratie zählend, verfügen also zusammen über annähernd 750 000 Hektar (oder 7,5 Milliarden Quadratmeter) Grund und Boden in der Bundesrepublik. Diese im Eigentum von rund 100 Familien befindliche Fläche ist etwa so groß wie die Bundesländer Hamburg, Bremen, Saarland sowie West-Berlin, dazu alle Landkreise des Regierungsbezirks Köln (Bergheim,

Bonn-Land, Euskirchen, Köln-Land, Siegkreis, Oberbergischer Kreis und Rheinisch-Bergischer Kreis) zusammengenommen – ein beachtliches Stück unseres Landes mit ungefähr 8 Millionen Einwohnern! Anders ausgedrückt: Die hundert Familien mit dem ausgedehntesten privaten Grundbesitz der Bundesrepublik verfügen über eine Fläche, groß genug, die Bevölkerung etlicher Bundesländer (oder sämtliche Einwohner Österreichs) aufzunehmen.

Der Reichtum und die Macht, die mit so enormem Grundbesitz verbunden sind, läßt sich allenfalls ahnen. Indessen werden wir feststellen müssen, daß erst eine Kombination von Großgrundbesitz, Industrie- und Handelsbeteiligungen, eigenen Unternehmen sowie starker Einfluß im Bank- und Versicherungswesen aus Latifundien-Eigentümern jene Geldgiganten werden läßt, denen unsere Aufmerksamkeit gilt.

Einige davon sind uns bereits begegnet; weitere werden wir in den Bereichen finden, die in den folgenden Kapiteln behandelt werden, zunächst im Bereich des Handels und der Dienstleistungen, wobei es unter den Giganten der Dienstleistungsbereiche nur noch sehr wenige Privateigentümer gibt.

Unsere Handelsriesen

Von den fünfzig größten Handelsunternehmen der Bundesrepublik, die in den letzten Jahren einen durchschnittlichen Jahresumsatz von zusammen rund 350 Milliarden DM erzielten, sind die meisten ganz oder mehrheitlich im Eigentum einzelner Familien, die mit wenigen Ausnahmen bei allen sonstigen Unterschieden zweierlei gemeinsam haben: enorm viel Geld und keinerlei Neigung, die Neugier der Öffentlichkeit zu befriedigen.

»Familienunternehmer sprechen höchst ungern von Gewinnen«, hat Ernst Berens einmal in einer Untersuchung im Wirtschaftsteil der ›Süddeutschen Zeitung‹ festgestellt. »Machen sie Verluste, meiden sie in der Regel die Herren der veröffentlichten Meinung wie die Pest, worin sie sich übrigens von (in breitgestreutem Besitz befindlichen) Großunternehmen nicht unterscheiden, für die es Publizität auch nur bei schönem Wetter gibt.« Und er fügte im Hinblick auf eine geplante Erweiterung der Publizitätspflicht hinzu: »Vielleicht wird damit jener Teil der deutschen Wirtschaft für die Außenstehenden etwas bekannter und durchsichtiger, der ungleich mehr als die wenigen Großkonzerne ihr Schicksal bestimmt: die Familienunternehmen.«

Tatsächlich gibt es gerade im Bereich des Handels, besonders des Einzelhandels, mehr schweigsame Riesen, von denen die Öffentlichkeit wenig oder nichts weiß, als anderswo. Obwohl fast jeder die Firmennamen kennt und als Kunde zum Reichtum der Inhaber beigetragen hat, weiß er meist nicht einmal dessen Namen, und von dessen Reichtum kann er sich nur eine ungefähre Vorstellung machen, die von der Wirklichkeit in der Regel weit übertroffen wird.

Beginnen wir mit den beiden größten Versandhäusern der Bundesrepublik:

Das größte, der *Quelle-Versand,* Fürth, gehört der Witwe Grete des Firmengründers Gustav Schickedanz sowie den Töchtern Louise Dedi und Madeleine Bühler. Gustav Schik-kedanz, der aus bescheidensten Anfängen ein Handels-, Industrie- und Dienstleistungs-Imperium schuf und seinen Erben ein Milliardenvermögen hinterließ, hielt streng darauf, alles selbst fest in der Hand zu behalten.

Außer dem unter den Bezeichnungen *Quelle* und *Schöpflin* betriebenen Versand- und Kaufhaushandel, der allein in der Bundesrepublik einen Jahresumsatz von über 10 Milliarden erzielt, sich aber auch auf unsere westlichen und südlichen Nachbarländer erstreckt, verfügt der Konzern über zahlreiche eigene Produktionsstätten und Einkaufsgesellschaften in aller Welt, zumal in Billiglohnländern.

Die *Vereinigte Papierwerke Schickedanz & Co,* Nürnberg, mit über 5000 Beschäftigten, zahlreichen – auch branchenfremden – Tochterunternehmen und einem Jahresumsatz von mehr als 1,2 Milliarden DM, ist 100prozentig in Familienbesitz der Schickedanz. Dort werden Markenartikel wie *Tempo, Camelia, Moltex, Lavex* oder *Packwell* hergestellt.

Patrizier-Bräu, Nürnberg, gehört zu 90 Prozent der Familie, die auch mit 25 Prozent beteiligt ist an der Nürnberger Großdruckerei *maul + co.* Die *Noris-Verbraucherbank* in Nürnberg gehört den Schickedanz zu 75 Prozent, und an *Zenker-Häuser GmbH* sind sie mit 25 Prozent beteiligt. Hinzu kommt noch sehr umfangreicher Haus- und Grundbesitz, vor allem aber auch noch eine Beteiligung am größten Touristik-Unternehmen *TUI,* wenn auch ›nur‹ mit 12,5 Prozent – angesichts des *TUI*-Umsatzes von rund 2,5 Milliarden keine Kleinigkeit!

Das zweite große Versandhaus in Familienbesitz ist der *Otto-Versand,* Hamburg, dessen Umsatz bei 9 Milliarden DM jährlich liegt. Das Unternehmen gehört zu zwei Dritteln der Familie Otto, wobei angemerkt sei, daß der Firmengründer Werner Otto 1948 mit einem Startkapital von nur 6000 DM in einer Baracke mit selbst abgepackten Waren den Versandhandel begann. Schon zwanzig Jahre später zählte er bereits zu den Geldgiganten, aber auch zu den größten Immobilienbesitzern und ›Baulöwen‹, nicht nur hierzulande, sondern auch in Kanada.

Der andere Teilhaber des Versandhauses und auch der diversen Otto-Grundstücks- und Hausverwaltungs-Gesellschaften ist die *E. Brost & J. Funke GmbH & Co*, die ihrerseits Alleineigentümerin der *Westdeutsche Allgemeine Zeitungsverlagsgesellschaft mbH*, Essen, ist. Zur WAZ-Gruppe, wie sie kurz genannt wird, gehören Zeitungen mit einer täglichen Gesamtauflage von 1,3 Millionen, außer der WAZ auch die NRZ, die Westfälische Rundschau, die Westfalenpost und das Essener Tageblatt, ferner etliche Industriebeteiligungen. Eigentümer der WAZ-Gruppe und Otto-Partner sind zu je 50 Prozent Martin Brost und die Funke-Erben, wozu angemerkt sei, daß deren Urgroßvater, der Geheime Kommerzienrat Karl Funke, zu den reichsten Männern des Rheinlands zählte und bei seinem Tode 1912 mehr als 30 Millionen Mark hinterließ, so daß sich beim Otto-Versand alter Reichtum mit neuem verbunden hat.

Das trifft auch zu bei einigen der großen Kaufhaus-Konzerne der Bundesrepublik, zumal beim größten, der *Karstadt AG,* zu deren Beteiligungen die *Neckermann Versand AG* samt *NUR-Touristik* gehört. Die Mehrheit des Karstadt-Aktienkapitals liegt bei der Commerzbank und der Deutschen Bank, aber es gibt bei Karstadt auch private Großaktionäre: Etwa ein Drittel der Karstadt-Aktien befinden sich in den Händen der Opel-Erben.

Familie Opel verdankt ihr Geldgigantentum einem Vorfahren, dem Schlosser Adam Opel, der 1862 mit einer Werkstatt, dann mit dem Bau von Nähmaschinen begann. Seine Söhne produzierten vor dem Ersten Weltkrieg in ihrem Familienbetrieb, neben Fahrrädern, auch schon Automobile. Der 1914 ausbrechende Krieg brachte dem Opel-Unternehmen in Rüsselsheim große Rüstungsaufträge, Millionengewinne und den erblichen Adel. Von 1924 an begann man bei Opel mit der Serienproduktion von Kleinwagen nach amerikanischem und französischem Vorbild, und 1928 wurde das blühende Unternehmen in eine Aktiengesellschaft umgewandelt, blieb aber zu 100 Prozent in Familieneigentum. Die v. Opels erhielten dafür sogar eine beträchtliche Steuervergünstigung, weil man damals eine »Überfremdung« der deutschen Industrie befürchtete und deutsche Familienunternehmen fördern wollte. Dabei bestand bei Familie v. Opel allem Anschein nach die geringste Gefahr, daß sie ihr Werk an Ausländer verkauften, denn sie waren die eifrigsten Vorkämpfer gegen die »Überfremdung«.

»Deutsche! Kauft deutsche Automobile! Opel ist und bleibt deutsch!« – so und ähnlich lautete die Parole in Rüsselsheim, die mit großem Werbeaufwand bekanntgemacht wurde, auch noch, als die Familie bereits das Unternehmen an den amerikanischen *General-Motors*-Konzern verkauft hatte – zum etwa Fünffachen des Börsenwerts und gerade noch rechtzeitig vor dem Beginn der Weltwirtschaftskrise, die das Familienunternehmen schwerlich überstanden hätte. Den Erlös, fast 200 Millionen RM, legten die Familienmitglieder gut an, so daß ihr Reichtum den Zweiten Weltkrieg und die Währungsreform glänzend überstanden hat. Allein ihre 30prozentige Karstadt-Beteiligung macht die Opel-Erben bereits zu Geldgiganten, aber ihr gesamtes in- und ausländisches Vermögen ist noch weit größer.

Auch bei den nach Karstadt (Umsatz etwa 11 Milliarden DM, ohne die Neckermann- und NUR-Touristik-Umsätze) an zweiter und dritter Stelle stehenden Kaufhausriesen *Kaufhof*

AG und *Hertie AG* handelt es sich mehr oder weniger um Familienunternehmen. Der Kaufhof-Konzern, zu dem auch die *Kaufhalle GmbH*, die *Zentra Auto Handelsgesellschaft* sowie drei Touristik-Unternehmen (*ITS International Tourist Services Länderreisedienste GmbH, Kaufhof-Reisen* sowie auch *Hertie-Reisen*) gehören, hat einen privaten Großaktionär. Neben kleineren Beteiligungen der Banken – Commerzbank ca. 3 Prozent, Dresdner Bank ca. 9 Prozent und Schweizerische Bankgesellschaft Zürich 17 Prozent – sind mindestens 24 Prozent des Aktienkapitals im Eigentum der *Metro-Vermögensverwaltungs-GmbH & Co. KG*, Düsseldorf.

Dahinter verbirgt sich die Wuppertaler Familie Frowein, bei denen es sich um von alters her ebenso fromme Herrenhuter wie tüchtige Geschäftsleute handelt. Schon das ›Jahrbuch der Millionäre in der Rheinprovinz‹ von 1913 verzeichnet eine stattliche Anzahl von Mitgliedern der Familie Frowein, deren damaliger Senior knapp 14 Millionen Mark Vermögen versteuerte. Am Kaufhof-Konzern (vormals Leonhard Tietz AG) sind die Froweins aber erst seit einem halben Jahrhundert beteiligt, und während des größten Teils dieser Zeit war ihr Familienoberhaupt Abraham Frowein Vorsitzer des Kaufhof-Aufsichtsrats, wogegen heute Harald Frowein junior dort die Familieninteressen wahrnimmt.

Fast gleichrangig mit dem Kaufhof-Konzern (Umsatz: über 7 Milliarden DM) ist die *Hertie AG* (Umsatz: 5,4 Milliarden DM), bei der es sich um ein reines Familienunternehmen handelt, wobei der Name des Eigentümers so gut wie unbekannt ist. Hertie, von der ›Frankfurter Allgemeinen Zeitung‹ einmal »der schweigsame Konzern« genannt, hat seinen Namen von Hermann Tietz, der 1882 in Gera mit einem Kurzwarengeschäft seine kaufmännische Laufbahn begann. Sein Neffe Oskar wurde dann der eigentliche Konzerngründer. In den zwanziger und frühen dreißiger Jahren gehörte ihm bereits »der größte Warenhauskonzern Europas im Eigenbesitz«, während seine ›reichen Verwandten‹, die Linie Leonhard Tietz, als Erbengemeinschaft die Warenhäuser der heutigen Kaufhof-Gruppe betrieben. 1933 wurden beide Konzerne ›arisiert‹, und die ihren jüdischen Ursprung hinter der Abkürzung ›Hertie‹ verbergende Hermann Tietz oHG konnte ein Tietz-Einkäufer übernehmen, dessen Mitteilungsbedürfnis lebenslang durchaus dem Familiennamen entsprach: Karg.

Georg Karg, so hieß er mit vollem Namen, war 1888 in einem neumärkischen Provinzstädtchen zur Welt gekommen, hatte nur die Volksschule besuchen können und war dann im posenschen Meseritz Lehrling bei einem kleinen jüdischen Kaufhausbesitzer geworden, dann aber in der Warenhausbranche zielstrebig aufgestiegen – bis zum Direktor und Mitglied der Einkaufsleitung des Hermann-Tietz-Konzerns, den er dann 1933 mit Hilfe von Bankkrediten übernahm.

Bis in sein hohes Alter regierte Georg Karg das – im Zweiten Weltkrieg weitgehend zerstörte, nach der Währungsreform von 1948 aber rasch wieder aufgeblühte – Hertie-Imperium als Alleinherrscher. Noch als Mittachtziger kam der rüstige und gegenüber der Öffentlichkeit so schweigsame Patriarch täglich als erster ins Büro, das er abends als letzter verließ. Wollte er, der dem breiten Publikum wie den meisten seiner vielen Angestellten gänzlich unbekannte Konzernchef, eines seiner vielen Waren- und Kaufhäuser unerkannt besichtigen, so setzte er sich einen schönen schwarzen Homburg auf, wie es einst sein frommer jüdischer Lehrherr in Meseritz getan hatte, nur daß dieser nicht so vermessen gewesen war, sich davon ein Inkognito zu versprechen. Die Angestellten von ›Hertie‹ hatten von ihren unmittelbaren Vorgesetzten strenge Anweisung, jeden als Kunde erscheinenden älteren Herrn mit schwarzem Homburg-Hut ganz besonders zuvorkommend zu bedienen und zuvor heimlich Alarm zu geben.

Das Gesellschaftskapital von ›Hertie‹, zu dessen Konzern auch das Hamburger ›Alsterhaus‹, die Mehrheit von ›Wertheim‹ in West-Berlin, vor allem aber das riesige ›KaDeWe‹, das ›Kaufhaus des Westens‹, ein Prunkstück der alten Reichshauptstadt und heute wieder das größte Warenhaus des Kontinents, gehören, ist – zur Ersparnis von Erbschaftsteuern – im wesentlichen schon vor anderthalb Jahrzehnten einer Karg-Famlienstiftung übertragen worden. Die heutigen ›Hertie‹-Eigentümer sind Hans-Georg Karg und dessen Schwester Brigitte Gräfin Norman. Aber – so die »Süddeutsche Zeitung« im Sommer 1985 – »dem Erben des Warenhauskönigs sind offenbar seine bayerischen Güter wichtiger ... als das Unternehmen, um das er sich wenig kümmert, für das er aber auch in der Überlieferung seines patriarchalischen Vaters nicht rechtzeitig ein fähiges Management berufen hat, als die goldenen Zeiten der Warenhäuser zu Ende gingen.«

Aus dieser Pressenotiz kann man schließen, daß es möglicherweise bei ›Hertie‹, was die Eigentumsverhältnisse betrifft, bald Veränderungen geben könnte. Indessen erzielen die Kauf- und Warenhäuser der ›Hertie‹-Gruppe, zu der auch die ›bilka‹-Billigkaufhäuser gehören, schon so lange Milliarden-Umsätze (1983: 6 Milliarden DM), daß die Karg-Erben nicht zu fürchten brauchen, gänzlich zu verarmen. Sie würden auch nach einem Verkauf des Famlienunternehmens durchaus noch, wie etwa die Familie v. Opel, zu den Geldgiganten zählen.

Das zeigt das Beispiel des Gründers und langjährigen Alleineigentümers des vierten großen Waren- und Kaufhaus-Konzerns, der *Horten AG* (Umsatz 1983: rund 2,5 Milliarden DM), Helmut Horten. Er hatte in jungen Jahren während der Nazi-Zeit zahlreiche jüdische Provinz-Unternehmen ›arisiert‹ – als erstes Alsberg in Duisburg –, gehörte dann zu den Kaufhauskönigen des ›Dritten Reiches‹, aber sein Konzern wurde im Zweiten Weltkrieg weitgehend zerstört, er selbst 1945 als politisch Belasteter von der britischen Besatzungsmacht lange eingesperrt. Erst kurz vor der Währungsreform kam Horten wieder frei und konnte mit dem Wiederaufbau seines Unternehmens beginnen. Aber schon zwei Jahrzehnte später hatte er ein noch weit größeres Konzern-Reich als vor dem Zweiten Weltkrieg: 23 Horten-Warenhäuser, 18 ›Merkur‹-Warenhäuser und 11 ›Defaka‹-Kaufhäuser konnte er nun als Alleineigentümer und -herrscher betreiben.

Dann, Ende 1969, teilten Horten und die Deutsche Bank der Öffentlichkeit gemeinsam mit: »Die rasch wachsende Warenhausgruppe der Horten-, Merkur- und Defaka-Häuser, die in diesem Jahr die Umsatzgrenze von 2 Milliarden überschreiten wird, vollendet jetzt den Übergang vom Ein-Mann-Unternehmen zur Aktiengesellschaft mit Beteiligung breiterer Anlegerkreise.« Auf dem Gipfel einer stürmischen Börsen-Hausse trennte sich Horten dann von drei Vierteln der Anteile an seinem Unternehmen. Eine Schachtelbeteiligung von 25 Prozent übernahmen Commerzbank und Deutsche Bank gemeinsam, weitere 50 Prozent des Aktienkapitals erwarben Kleinaktionäre zu sehr hohen Kursen, und Helmut Horten konnte bei dieser Transaktion innerhalb kürzester Zeit rund 800 Millionen DM seinem Privatkonto gutschreiben, behielt 25 Prozent seines Unternehmens und blieb dessen Aufsichtsratsvorsitzender und alleiniger Chef – nun vom sonnigen Tessin aus, doch versprach er, die Horten-Gruppe durch »Fernsteuerung« fest im Griff zu behalten.

Dazu sei dreierlei angemerkt: Erstens hatte sich Helmut Horten im Jahr zuvor, anläßlich seines 60. Geburtstags, selbst eine »Vollausschüttung« von 75 Millionen DM angeblich rückständiger Dividenden bewilligt, wogegen sein Heer von Mitarbeitern mit einer »Prämie« von insgesamt 15 Millionen DM – rund 500 DM pro Kopf im Durchschnitt – abgefunden wurde. Zweitens mußten die Empfänger dieser Prämie diese selbstverständlich versteuern; Helmut Horten indessen konnte seine gesamten Verkaufserlöse, bis dahin fast eine Milliarde DM, in seine schweizerische Steuer-Oase mitnehmen, ohne daß ihn das Düsseldorfer Finanzamt in nennenswerter Weise zur Kasse bitten konnte. Von der Schweiz aus verkaufte er dann auch noch den Rest seiner Horten-Aktien.

Drittens sei daran erinnert, daß Helmut Horten zu den Hauptförderern der Freien Demokraten, zumal des rechten Flügels der FDP, gehörte und mit Hilfe von Politikern dieser Partei, die in Bonn und Düsseldorf als ›Zünglein an der Wage‹ erheblichen, oft entscheidenden Einfluß auf Politik und Gesetzgebung nahm, selbst den Lauf der Dinge in seinem Sinne hatte beeinflussen können.

Dem Düsseldorfer Finanzamt entgingen jedenfalls einige hundert Millionen DM an Steuern, doch handelte es sich dabei nicht um Steuerhinterziehung, sondern – so das unternehmerfreundliche Düsseldorfer »Handelsblatt« damals – »lediglich um die geschickte und völlig legale Ausnutzung bestehender Rechtsverhältnisse«.

»Der Spiegel« meinte dazu: »In Wahrheit zeigt der Fall lediglich, wie es mit der Legalität in der Bundesrepublik bestellt ist. Mit nur einem Bruchteil der Steuerersparnis konnte sich Helmut Horten auf seinem Berg« – 160 000 Quadratmeter Grund bei Lugano – »auf das stilvollste etablieren. Seine Kaufhaus-Kunden, die ihn steinreich machten, müssen weiterhin jede Woche die volle Lohnsteuer zahlen...«

Seit sich Horten von seinem einstigen Kaufhaus-Imperium gänzlich getrennt hat, lebt er als Multimilliardär im Ruhestand auf seinen diversen ausländischen Besitzungen. Die Horten AG gehört heute zu über 50 Prozent dem britischen Zigarettenhersteller BAT, zu 25 Prozent noch der gemeinsamen Holding von Commerzbank und Deutsche Bank; der Rest ist im Streubesitz von rund 20 000 Aktionären.

Verlassen wir nun die Kaufhaus-Könige und wenden wir uns

den Handelsriesen zu, die in der Lebensmittel-Branche mit Supermärkten und Filialketten tätig sind. Einige davon erzielen noch weit höhere Umsätze als selbst die größten Kaufhaus-Konzerne, doch die Eigentumsverhältnisse sind dort meist noch besser getarnt als im Warenhaus-Bereich. Als erstes Beispiel sei der Spitzenreiter genannt, die *Tengelmann Warenhandelsgesellschaft oHG* mit Stammsitz in Mülheim/ Ruhr, die Einzelhandelsumsätze von zuletzt 16,5 Milliarden DM erzielen konnte.

Im »Jahrbuch der Millionäre in der Rheinprovinz« von 1913 ist bereits – mit einem Vermögen von zwei bis drei Millionen Mark – als Inhaber des »*Kaffeegeschäfts Emil Tengelmann, Hamburger Kaffeeimportgeschäft, Düsseldorf, Königsallee*« der Kommerzienrat Wilhelm Schmitz-Scholl verzeichnet, »*verheiratet mit Elli Waldthausen, Tochter eines Kohlenindustriellen in Essen, die ein sehr großes Vermögen geerbt hat.*« Die Familie Schmitz-Scholl betrieb damals – und schon seit 1862 – in Mülheim eine Schokoladenfabrik mit Produkten der Marke »Wissoll«, daneben auch eine Seifenfabrik. Kommerzienrat Schmitz-Scholl hatte dann mit Hilfe der reichen Mitgift seiner Frau, der Waldthausen-Erbin, weiteres hinzuerworben, unter anderem die Firma Emil Tengelmann.

Heute gehören die Firmen Tengelmann – mit bundesweitem Einzelhandelsfilialnetz – und die Wissoll-Schokoladenfabrik oHG noch immer den Schmitz-Scholl-Erben, die nun aber einen anderen Familiennamen führen, denn Elisabeth Schmitz-Scholl, Tochter und Erbin des Kommerzienrats, heiratete Erivan Haub, und die heutigen Inhaber der beiden Unternehmen heißen: Erivan Karl Haub (alleingeschäftsführender Gesellschafter), Karl-Erivan Warder Haub, Georg Rudolf Otto Haub und Christian Wilhelm Erich Haub.

Der Umsatzriese Tengelmann ist also ein reines Familienunternehmen, wobei angemerkt sei, daß sein wichtigster Konkurrent, *Kaiser's Kaffee-Geschäft AG* mit Sitz in Viersen im

Rheinland, keineswegs mehr, wie ehedem, im Alleinbesitz der Familie Kaiser ist. Das Unternehmen, das ebenfalls über ein bundesweites Filialnetz verfügt, gehört vielmehr mehrheitlich der Firma Tengelmann, also Familie Haub, die im Kaiser's-Kaffee-Aufsichtsrat vertreten ist durch Diplomvolkswirt Erivan Haub und Helga Haub, beide in Wiesbaden wohnhaft.

Der Öffentlichkeit genauso verborgen und völlig unbekannt wie Familie Haub waren auch noch andere Geldgiganten aus dem Lebensmittel-Einzelhandel. Von einem hieß es einmal in der Wochenzeitung »Die Zeit«:

»Abgeschirmt wie ein Geheimdienstchef, arbeitet er an seinem Milliardengeschäft. Am liebsten würde er seine Firmenzentrale von einer undurchdringlichen Dornenhecke einfrieden lassen.« Erst als er vor ein paar Jahren einmal zur Erpressung von Lösegeld entführt wurde, erfuhr die Presse, und dann auch die Öffentlichkeit, seinen Namen: Albrecht.

Seither ist es wieder ganz still um die Firma und deren Inhaber geworden. In keinem Handbuch ist noch irgend etwas über das Unternehmen oder gar über den oder die Eigentümer angegeben; es gibt nicht einmal einen veröffentlichten Geschäftsbericht oder auch nur eine kurze Verlautbarung über Umsatzerfolge. Die Fachzeitschrift »Capital« schätzte den Jahresumsatz 1983 auf 15 Milliarden DM, doch gab es dafür von der Firmenleitung weder eine Bestätigung noch ein Dementi. Selbst in Hoppenstedts »Handbuch der Großunternehmen 1985«, das ansonsten sehr exakt ist und bei schweigsamen Firmen zumindest deren Namen, Rechtsform und Handelsregister-Nummer angibt – mit dem erklärenden Zusatz: »Weitere Angaben wurden nicht gemacht« –, fehlt jeder Hinweis auf das Milliarden-Unternehmen, obwohl es bundesweit mit Einzelhandels-Filialen vertreten ist, deren Anzahl aber ebenfalls als Staatsgeheimnis behandelt wird.

Es ist dies die *Albrecht KG* mit Sitz im westfälischen Herten, besser bekannt unter dem Firmennamen ihrer Unternehmenstöchter *aldi* (die im Hoppenstedt-Handbuch in Essen und Mülheim verzeichnet sind, aber auch nur folgendermaßen: »aldi Einkauf GmbH & Co OHG – es folgen Anschrift, Postfach, Telefon- und Fernschreiber-Nummer sowie die 9stellige Firmennummer –, und dann heißt es: Weitere Angaben wurden nicht zur Verfügung gestellt«).

Als *aldi* ist das Unternehmen allgemein bekannt, obwohl nur wenige wissen, daß es sich bei dem Firmennamen um eine Abkürzung für ›Albrecht-Discount‹ handelt und daß die Inhaber die Brüder Karl und Theo Albrecht in Herten sind.

Sie haben erst nach dem Zweiten Weltkrieg und ebenso klein wie der Versandhändler Otto angefangen. Als sie aus Kriegsgefangenschaft heimkehrten, überließ ihnen ihre Mutter den kleinen Krämerladen im Essener Bergarbeiter-Vorort Schonnebeck und ein kleines Nebengeschäft; heute gehören sie zu den Geldgiganten im bundesdeutschen Handel.

»Was der fünfzigjährige Essener Kaufmann Karl Albrecht vor der Öffentlichkeit tarnen möchte«, schrieb 1970 Hans Otto Eglau in der Wochenzeitschrift »Die Zeit«, »ist eine der erstaunlichsten Karrieren ... Buchstäblich aus dem Nichts stieg der scheue Mann von der Ruhr zum Spitzenreiter seiner Branche auf ... Schon damals« – kurz nach der Währungsreform – »tastete sich Karl Albrecht an ein Verkaufssystem heran, bei dem es sich nicht um ein normales Bedienen handelt, sondern um Massenabfertigung.« Seine Mittel: Läden in ungünstiger, also billiger Lage, keine Dekoration, keine Auslage, »primitive Regale, aufgeschlitzte Kartons am Boden zur Selbstbedienung. Preisschilder, mit Reißzwecken an grobe Holzlatten über Kartonbergen angepinnt, ersetzten die Auszeichnung jedes einzelnen Artikels ...«

So stieg *aldi* aus bescheidensten Anfängen zu einem Unternehmen mit Milliarden-Umsätzen auf, und fünfzehn Jahre später, Sommer 1985, entrüstete sich Ernst Berens im Wirtschaftsteil der »Süddeutschen Zeitung« noch immer über die Schweigsamkeit des Branchen-Riesen wie auch über die seiner Konkurrenz:

»Führende Unternehmen des Einzelhandels, genannt seien nur Aldi und Metro, veröffentlichen nicht die kleinsten Zahlen, obwohl sie auf dem Markt alles andere als zimperlich sind, notfalls in Bonn gar nicht schüchtern, wenn es um Einwegflaschen und Abfallberge geht. Beide Familienunternehmen beweisen übrigens, daß die Zeit der Patriarchen keineswegs vorbei ist...« Den oder die Patriarchen von Herten kennen wir bereits. Wer aber mag der Patriarch der *aldi*-Konkurrenz *Metro* sein?

Die *Metro SB-Großmärkte GmbH & Co KG*, Düsseldorf, hat in Hoppenstedts »Handbuch der Großunternehmen 1985« einen 10-Zeilen-Eintrag, der außer dem Firmennamen, der Anschrift und der Firmennummer wiederum nur die lapidare Mitteilung enthält, daß »weitere Angaben nicht zur Verfügung gestellt« wurden. Auch in sonstigen Nachschlagewerken neueren Datums fehlt jede Information über das Unternehmen, das nach einer Schätzung der Fachzeitschrift »Capital« 1983 immerhin 12 Milliarden DM umsetzte und damit zu den zehn größten Handelsfirmen unseres Landes zählt.

Indessen läßt sich mit einiger Geduld doch herausfinden, wer bei der »Metro« das Sagen hat: Geleitet wird das Unternehmen von Otto Beisheim aus Mülheim/Ruhr, einem Fachmann des Jahrgangs 1924. Beteiligt sind indessen noch mindestens zwei, vielleicht auch drei Familien: die Duisburger Schmidt-Ruthenbecks mit eigenem SB-Warenhaus und -Filialbetrieb sowie Weinkellereien in Traben-Trabach; Mitglieder der Familie Haniel, die wir bereits als Geldgiganten kennengelernt haben, und als mögliche dritte Familie Frowein, die – neben ihrer »Kaufhof«-Beteiligung – auch einen bedeutenden Lebensmittel-Filialbetrieb, *Frowein & Nolden* nebst

Otto Mess GmbH, von Düsseldorf aus leitete, der zu über 90 Prozent vier deutschen und holländischen Anlagegesellschaften gehörte, maßgeblich aber Familie Frowein, die mit Klaus Frowein auch den Aufsichtsratsvorsitzer stellte. Die alte Firma, gegründet 1902, ist aus allen Nachschlagewerken verschwunden; wie Phoenix aus der Asche ist die »Metro« zu Milliardenumsätzen im Lebensmittel-Filialbetrieb aufgestiegen. Wem sie gehört, ist nun in Umrissen erkennbar.

Von den übrigen Einzelhandelsriesen mit Milliardenumsätzen sind noch fünf – mit zusammen über 17 Milliarden DM Jahresumsatz – im Eigentum einzelner Familien:

Massa und alles, was damit zusammenhängt – von eigenen Produktionsstätten für ›Bolander Fleisch- und Backwaren‹ bis zur Massa-Hotelbetriebsgesellschaft –, gehört der Familie Karl-Heinz Kipp in Alzey, deren *Firmengruppe Karl-Heinz Kipp* rund 4 Milliarden DM Jahresumsatz erzielt.

Unter den Bezeichnungen *extra-SB, esbella-SB, real-kauf, C+C Schaper,* »*Zum bösen Wolf*« und *Continent Hypermarkt* betreibt die *Firmengruppe Adolf Schaper,* Hannover, Supermärkte und Selbstbedienungsläden. Auch dieses Unternehmen hat einen Jahresumsatz von über 4 Milliarden DM.

Mit traditionsreichen Namen wie *Meierei C. Bolle, Schade & Füllgrabe* oder *Georg Schätzlein* betreibt die Familie Werhahn, Neuß, die wir bereits in anderem Zusammenhang kennengelernt haben, umfangreichen Einzelhandel mit über 3 Milliarden DM Jahresumsatz.

Wertkauf mit Firmenzentrale in Karlsruhe sowie *Möbel-Mann* gehören 100prozentig der Familie Mann, deren GmbH-Stammkapital mit 100 Millionen DM ausgewiesen wird; der *Wertkauf*-Umsatz liegt bei knapp 3 Milliarden DM.

Allkauf schließlich, dessen SB-Warenhäuser über 3 Milliarden DM Umsatz erzielen, gehört hundertprozentig der *Allkauf Verwaltungs-GmbH & Co OHG* in Mönchengladbach, deren geschäftsführende Gesellschafter Eugen Viehof senior und Gerhard Ackermans sind. Das Familienunternehmen betreibt 38 Warenhäuser, 13 Möbelhäuser, eine Möbelzentrale, zwei C+C-Märkte und knapp fünfzig Fotofachgeschäfte, dazu das Touristikunternehmen Tjaereborg (Umsatz in Deutschland 1985: rund 300 Millionen DM).

Nehmen wir noch *C&A* hinzu, ein 100prozentiges Familienunternehmen des Textileinzelhandels, das den schweigsamen Brenninkmeyers gehört, mit 347 Millionen DM Eigenkapital ausgestattet ist und einen Jahresumsatz von 6,5 Milliarden DM erzielt, so haben wir die privaten Einzelhandelsriesen der Bundesrepublik im wesentlichen erfaßt. Vierzehn Familien – Haub, Albrecht, Frowein, v. Opel, Schickedanz, Otto, Brenninkmeyer, Karg, Kipp, Schaper, Werhahn, Viehof, Mann und der mit seinem Milliardenvermögen in den Ruhestand getretene Helmut Horten – haben als Alleininhaber oder Mehrheits- und Großaktionäre einen Anteil am Einzelhandelsumsatz von weit über 100 Milliarden DM.

Wenden wir uns noch kurz den anderen Bereichen zu:

Im Getreide- und Futtermittelhandel steht weit an der Spitze die *Alfred C. Toepfer International GmbH,* Hamburg, die 1984 rund 11,7 Milliarden DM Umsatz erzielte. Die Firma gehört zu 50 Prozent Alfred C. Toepfer, der mit einer von ihm errichteten Stiftung F.V.S. nicht nur Steuern spart, sondern ein umfangreiches Mäzenatentum betreibt.

Ein weiterer, in der Öffentlichkeit weder durch Stiftungen noch auf andere Weise hervortretender Handelsriese im Getreide- und Futtermittelbereich ist die *Kurt A. Becher GmbH & Co KG* in Bremen, zu deren Beteiligungen auch die *Plange Kraftfutterwerke GmbH & Co KG* zählt. Der Jahresumsatz dieser Unternehmen, deren geschäftsführender Gesellschafter und praktisch Alleininhaber Kurt A. Becher ist, wird sehr bescheiden mit »über 1 Milliarde DM« angegeben.

Diese Bescheidenheit mag damit zusammenhängen, daß es sich bei Kurt A. Becher um den ehemaligen SS-Standartenführer und zuletzt ›Sonderbeauftragten des Reichsführers SS in Ungarn‹ Kurt Andreas Ernst Becher handelt, der in den Monaten vor dem Ende des Zweiten Weltkriegs des Judenhenkers Adolf Eichmann unmittelbarer Vorgesetzter war. Daß Becher 1945 dann aber nicht als Kriegsverbrecher zur Verantwortung gezogen wurde – immerhin hatte er im Sommer und Herbst 1941 als Ordonanzoffizier einem SS-Reiterregiment angehört, das die Tripjet-Sümpfe »zu säubern und befrieden« hatte und dann melden konnte: »Die Entjudung wurde ausgeführt« – verdankt er dem Umstand, daß einige sehr reiche ungarische Juden der Ausrottung entgingen und für ihn gutsagten.

Weitere Umsatzgiganten im Handelsbereich mit privaten Eigentümern oder Großaktionären sind die *Thyssen Handelsunion* (Umsatz: über 14 Milliarden; maßgebende Beteiligung der Familie Thyssen); *Klöckner & Co* (Umsatz: knapp 10 Milliarden DM, 100prozentig im Eigentum der Klöckner-Erben, Familie Henle, und der Klöckner-Stiftung); *Franz Haniel GmbH* (Umsatz: knapp 9 Milliarden DM, fast 100prozentig im Besitz der Familie Haniel); die *Karl O. Helm AG*, Hamburg, die mit Industriechemikalien, pharmazeutischen Rohstoffen sowie Düngemitteln handelt (Umsatz: knapp 5 Milliarden DM, 100prozentig im Besitz der Familie Schnabel); *Thyssen Schulte* (Umsatz: knapp 4 Milliarden DM), eine selbständige Tochter der *Thyssen Handelsunion;* die *Ferrostaal AG* (Umsatz: 3,5 Milliarden DM), eine selbständige Tochter des Gutehoffnungshütte-Konzerns und damit ein weiteres Haniel-Familienunternehmen; die *Otto Wolff Handelsgesellschaft mbH* (Umsatz: knapp 3,5 Milliarden DM), die – mit Otto Wolff v. Amerongen als Hauptgesellschafter – praktisch den Wolff-Erben gehört; *Thyssen Brennkraft* (Umsatz: knapp 3 Milliarden DM), eine weitere selbständige Tochter der *Thyssen Handelsunion,* zuständig für den Mineralölhandel; *Coutinho, Caro & Co,* Hamburg, ein Weltunternehmen, an dem die Familie Coutinho noch zu etwa 50 Prozent beteiligt ist und das 2,5 Milliarden DM Umsatz mit Stahl- und Maschinenhandel erzielt; *W. & O. Bergmann*, Düsseldorf (Umsatz im Handel mit Nichteisen-Metallen: rund 2,5 Milliarden DM), ein Unternehmen, an dem Franz Heinrich Witthoefft mit über 40 Prozent und zwei Essener Funke-Erben mit zusammen knapp 20 Prozent beteiligt sind; die *Bernhard Rothfos KG aA*, Hamburg, größter Kaffeeimporteur der Bundesrepublik mit über 2 Milliarden DM Umsatz, das der Familie Rothfos gehört; schließlich noch die Pharma-Großhandelsfirma *Andrae-Noris-Zahn AG* (Umsatz: über 2 Milliarden DM), an der mehrere Familien maßgeblich beteiligt sind, unter anderem die Familie v. Metzler über ihr Frankfurter Bankhaus B. Metzler seel. Sohn & Co.

Dagegen gibt es im gesamten Dienstleistungsbereich nur zwei Umsatzgiganten, die ganz oder größtenteils in privatem Besitz einzelner Familien sind, an der Spitze das weltweite Speditionsunternehmen *Kühne & Nagel (AG & Co)* in Hamburg und Bremen (Umsatz: über 4 Milliarden DM), an dem Mitglieder der Familie Kühne, aber auch Nagel-Erben maßgeblich beteiligt sind.

An der *TUI Touristik Union International* (Umsatz 1983: 2,4 Milliarden DM) ist nicht nur die Familie Schickedanz beteiligt, sondern auch – mit über 10 Prozent über das *Hamburger Abendblatt-Die Welt-Reisebüro* – der Verlag Axel Springer, an dem bis zum Sommer 1985 Axel Springer selbst mit 75,1 Prozent, Familie Burda in Offenburg mit 24,9 Prozent des Aktienkapitals beteiligt war. Inzwischen sind 49 Prozent des Kapitals der Verlagsgruppe unter ein breiteres Publikum gebracht worden – in Paketen von mindestens 100 Aktien zum Einführungskurs von 335 DM je Aktie im Nennwert von 100 DM. Axel Springer hat sich von zwei Dritteln seiner Anteile getrennt und dafür rund 550 Millionen DM erlöst.

Doch ehe wir uns mit ihm und anderen Medienriesen näher befassen, sei abschließend festgestellt: Bei näherem Hinsehen (und obwohl wir uns nur auf die Allergrößten beschränkt haben) ließen sich auch im Handels- und Dienstleistungsbereich eine stattliche Anzahl von brachenbeherrschenden Unternehmen ausmachen, die ganz oder zu großen Teilen im Eigentum einzelner Geldgiganten sind.

Unsere Mediengiganten

Medien – das sind die Vermittler von Informationen, Meinungen und Kulturgütern, beispielsweise von Literatur oder Musik, aber auch von Unterhaltung und Werbung. Von den Medien werden Zeitungen, Zeitschriften, Bücher, Hör- und Fernsehprogramme, Kinofilme, Schallplatten, Musik-, Sprach- und Videokassetten sowie noch manches andere produziert, was das Publikum informieren, bilden, unterhalten, auch seine Meinung und seine Entscheidungen beeinflussen soll. Denn zur Medien-Produktion gehört auch die »veröffentlichte Meinung«, die häufig mit der »öffentlichen Meinung« verwechselt wird.

Zu Recht werden die Medienproduzenten der Industrie zugerechnet – wie die Stahlkonzerne, Kohlenzechen, Bierbrauereien, Textil- oder Zigarettenfabriken. In der »Rangliste deutscher Unternehmen«, die die Fachzeitschrift »Capital« alljährlich veröffentlicht und worin die 350 größten Industrie-, Handels- und Dienstleistungsbetriebe oder -konzerne der Bundesrepublik in der Reihenfolge ihres letzten Jahresumsatzes aufgeführt werden, wurden 1984 unter insgesamt 280 Industrieunternehmen auch fünf Medienkonzerne genannt: Heinrich Bauer, Bertelsmann, Burda, Holtzbrinck, Gruner & Jahr sowie Axel Springer.

Mit einem Umsatz von 6,2 Milliarden DM, erzielt im Flaute-Geschäftsjahr 1982/83, stand an der Spitze dieser fünf die *Unternehmensgruppe Bertelsmann AG* in Gütersloh. 89,26 Prozent der Gesellschaftsanteile hält Familie Mohn, wozu angemerkt sei, daß das schon 1835 gegründete Familienunternehmen erst im 20. Jahrhundert Bedeutung erlangte und seit 1947 von Reinhard Mohn geführt und zu einem Konzern von

Weltrang ausgebaut worden ist. Die restlichen 10,74 Prozent der Bertelsmann-Anteile werden von Dr. Gerd Bucerius gehalten.

Zum Bertelsmann-Konzernreich gehören, nicht allein in der Bundesrepublik, sondern in der ganzen westlichen Welt, führende Buch- und Schallplattenklubs, Buch- und Fachzeitschriftenverlage, Großdruckereien, Musikverlage, Schallplatten- und Kassettenhersteller, Film- und Fernsehproduktionen und manches andere mehr.

Zu den Bertelsmann-Unternehmen in der Bundesrepublik gehören Buchverlage wie C. Bertelsmann, Mosaik, Blanvalet, Prisma und der Taschenbuchverlag Wilhelm Goldmann, die Ufa-Film- und TV-Produktion, der Schallplattenhersteller »Ariola-Eurodisc« und einige der leistungsfähigsten Großdruckereien, in den USA, um nur ein Beispiel zu nennen, der größte amerikanische Taschenbuch-Verlag, Bantam Books.

Neben den 100prozentig zu Bertelsmann gehörenden Unternehmen gibt es auch etliche, an denen der Konzern maßgeblich beteiligt ist. Die wichtigste Bertelsmann-Beteiligung im bundesdeutschen Medienbereich ist die an der *Druck- und Verlagshaus Gruner & Jahr AG*, Itzehoe, wo Bertelsmann 74,9 Prozent der Anteile hält, John Jahr senior 25,1 Prozent. Bertelsmann hat also dominierenden Einfluß auf einen weiteren der fünf bundesdeutschen Medienriesen, wozu angemerkt sei, daß *Gruner & Jahr* (Umsatz: 2,1 Milliarden) nicht nur selbst eine Vielzahl von Publikumszeitschriften – z.B. *stern, GEO, Brigitte, Schöner Wohnen, Capital* – herausgibt, sondern auch an anderen wichtigen Verlagen beteiligt ist, so mit 25 Prozent an der *Spiegel-Verlag Rudolf Augstein GmbH & Co KG*, Hamburg, der Eigentümerin des führenden deutschen Nachrichtenmagazins *Der Spiegel*, so daß Bertelsmann damit indirekt auch eine maßgebliche Beteiligung an diesem Verlag und seinem Hauptorgan hält.

Eine weitere, für die Zukunft bedeutsame Bertelsmann-Beteiligung besteht bei RTL, der privaten luxemburgischen Rundfunkgesellschaft, wo sich der Konzern mit 40 Prozent des Gesellschaftskapitals engagiert hat. RTL (Radio Télé Luxembourg) strahlt seit Anfang 1984 ein deutschsprachiges Fernsehprogramm, RTL plus, aus, das schon jetzt in den an Luxemburg grenzenden Gebieten der Bundesrepublik empfangen werden kann und das demnächst auch in Kabelnetze eingespeist und von 1986 an über Satellit verbreitet werden soll.

Der nach Bertelsmann umsatzstärkste bundesdeutsche Medienriese ist die *Axel Springer Gesellschaft für Publizistik GmbH & Co KG*, Berlin, die als Holding der Unternehmensgruppe Axel Springer 1983 rund 2,4 Milliarden DM Umsatz erzielte und bei der 75,1 Prozent der Anteile Axel Springer, 24,9 Prozent der *Burda Verwaltungs-KG*, Offenburg, gehörten – doch im Sommer 1985 überraschte Axel Springer, wie schon kurz erwähnt, die Öffentlichkeit mit dem Verkauf von zwei Dritteln seines Anteils in Form von Aktien, wobei er Vorsorge getroffen hat, daß er die Kontrolle über die Verlagsgruppe behält.

Zum Springer-Konzern gehören die Tageszeitungen *Bild, Bild am Sonntag, Bild der Frau, Die Welt, Welt am Sonntag, Hamburger Abendblatt*, über die 100prozentige Tochtergesellschaft *Ullstein GmbH*, Berlin, auch die dort erscheinenden Tageszeitungen *BZ, Berliner Morgenpost*, sowie eine ganze Reihe weiterer norddeutscher Tageszeitungen, die Programmzeitschriften *Hörzu* und *Funkjournal*, um nur die wichtigsten zu nennen, ferner der Buchverlag Ullstein nebst dem Ullstein-Taschenbuchverlag. Außerdem gibt es eine Reihe von Beteiligungen des Springer-Konzerns, so mit 20 Prozent an den *Lübecker Nachrichten*, aber auch am Privatfernsehen. Seit April 1984 steht dem von 21 Verlegern, Verlegergruppen und Filmproduzenten gebildeten ECS-Konsortium, dem auch die Axel Springer AG angehört, ein Kanal, der sogenannte ›Westbeam‹, auf dem Satelliten ECS 1 zur Verfügung. Damit können Fernsehprogramme ausgestrahlt, auch in Kabelnetze eingespeist werden.

Die Tageszeitungen des Springer-Konzerns haben derzeit einen Marktanteil von über 30 Prozent, örtlich jedoch, insbesondere in West-Berlin und im Raum Hamburg, einen Anteil von nahe 90 Prozent. Auch bei den Sonntagszeitungen liegt der Springer-Anteil so hoch, daß von einem Monopol gesprochen werden kann, wogegen die Zeitschriften des Konzerns – *Hörzu, Funkjournal* – Marktanteile von etwa 13 Prozent erobert haben. Zum Vergleich: Auf dem Tageszeitungsmarkt ist der nächstgrößte Anteil der der WAZ-Gruppe mit 5,76 Prozent, bei den Publikumszeitschriften der von Gruner & Jahr – *stern u.a.* – von 7,38 Prozent.

Der Medienkonzern mit dem drittgrößten Umsatz (über 2 Milliarden DM) ist die *Heinrich Bauer Verlag KG*, Hamburg und Köln, ein reines Familienunternehmen, zu dessen 100prozentigen Töchtern die *bauer druck kg graphischer großbetrieb,* Köln, ebenso gehören wie etliche Zeitschriftenverlage, die mit ihren Erzeugnissen (z.B. *Quick, bravo, Neue Revue, Fernsehwoche, Neue Post, TV-Hören und Sehen*) mit einem Anteil von mehr als 32 Prozent führend auf dem bundesdeutschen Zeitschriftenmarkt sind. Ebenfalls 100prozentige Bauer-Töchter sind der *Pabel Verlag*, Rastatt und der *Moewig Verlag*, München, die führenden Hersteller von Romanheften (wobei Pabel-Hefte wegen ihres kriegsverherrlichenden Inhalts schon wiederholt als »jugendgefährdend« indiziert wurden). Schließlich gehört die Heinrich Bauer-Gruppe wie Springer zum ECS-Konsortium, das Privatfernsehprogramme über den Satelliten ECS 1 ausstrahlen läßt.

Als viertgrößter Medienkonzern (Umsatz: 1,2 Milliarden DM) hat sich die *Verlagsgruppe Georg v. Holtzbrinck GmbH*, Stuttgart, vor allem zahlreiche Buchklubs und Buchverlage angegliedert. *Die Auslese, Deutscher Bücherbund, Evangelische Buchgemeinde, Deutscher Buchklub* sowie mehrere ausländische Buchgemeinschaften sind samt und sonders 100prozentige Holtzbrinck-Töchter.

Von den Buchverlagen der Bundesrepublik gehören *S. Fischer, Wolfgang Krüger, Goverts, Kindler, Droemer-Knaur, Rowohlt* und *Schaeffer Verlag*, Stuttgart, zur Holtzbrinck-Gruppe, ferner die *Schroedel Schulbuchverlag GmbH*, Hannover, und die *Coron Verlagsgesellschaft mbH*, Stuttgart.

Auf dem Taschenbuchmarkt ist die Holtzbrinck-Gruppe vor allem mit *rororo-*, *Fischer-* und *Droemer-Knaur*-Taschenbüchern vertreten, des weiteren ist sie maßgeblich beteiligt am *Verlag für Wirtschaftsinformation*, Düsseldorf, der eine Vielzahl von Fachzeitschriften herausbringt, u.a. *Das Handelsblatt, DM, Der Betrieb, Absatzwirtschaft, Atomwirtschaft/ Atomtechnik, ATW-News, Kernenergie und Umwelt, Europa Chemie, Chemische Industrie International, Packung & Transport, Creditreform, Recycling, Wirtschaft und Wettbewerb, Datenschutzberater, Ost-Wirtschafts-Report, Ozean und Technik, Sicherheitsberater, Technischer Fortschritt, Mercurio.*

Schließlich hält die Holtzbrinck-Gruppe maßgebliche Beteiligungen an der *Saarbrücker Zeitung Verlag und Druckerei GmbH*, die im Saarland das Tageszeitungsmonopol besitzt, und am *Südkurier*, Konstanz. Auch einige der leistungsfähigsten Großdruckereien der Bundesrepublik sind Holtzbrinck-Töchter.

Alleininhaber dieses Medienkonzerns war der 1983 verstorbene Georg v. Holtzbrinck, dessen ältester Sohn Dieter die Leitung der Verlagsgruppe übernommen hat; dessen Schwester Monika Schoeller ist die Eigentümerin und Chefin des renommierten S. Fischer Verlags.

Der Medienriese mit dem fünftgrößten Umsatz (knapp 1 Milliarde) ist die *Burda GmbH* in Offenburg/Baden, eine

Gründung von Senator E. h. Dr. Franz Burda und ein reines Familienunternehmen, zu dessen Zeitschriften u.a. *Bunte, Freundin, Bild + Funk, Das Haus, Mein schöner Garten, Freizeit Revue, Meine Familie und ich, Ambiente* und *Pan* gehören. Auch die Burda-Gruppe verfügt darüber hinaus über eigene Großdruckereien, vor allem aber ist sie mit 24,9 Prozent am Springer-Konzern beteiligt. Der Anteil von Burda am Zeitschriftenmarkt der Bundesrepublik liegt bei 12 Prozent.

Wir kennen also nun die Eigentümer aller Medienriesen und können feststellen, daß alle fünf Konzerne von nicht mehr einzelnen Personen oder deren Erben beherrscht werden, als man an den Fingern abzählen kann – Mohn, Springer, Burda, v. Holtzbrinck, Bauer, dazu Dr. Gerd Bucerius, Rudolf Augstein, John Jahr und die Eigentümer der schon in anderem Zusammenhang untersuchten WAZ-Gruppe, Erich Brost und die Funke-Erbinnen.

Mit ihren Großdruckereien, Presse-, Buchverlags-, Schallplatten-, Film- und Fernsehproduktionen erzielen sie jährliche Umsätze von zusammen fast 20 Milliarden DM. Sie haben gigantische Vermögen angesammelt, und sie üben mit ihren Erzeugnissen sehr starken Einfluß auf die öffentliche Meinung aus. Nirgendwo wird die Tatsache, daß großes Kapital nicht nur wirtschaftliche, sondern auch politische Macht bedeutet, so offensichtlich wie gerade im Medienbereich.

Indessen sind die Medienkonzerne ihrerseits, was die Ertragslage ihrer Unternehmen angeht, abhängig von denen, die die Medien zur Werbung für ihre Produkte benutzen. Einfacher ausgedrückt, weder *Bild* noch *Die Zeit*, weder *Spiegel* noch *stern,* könnten ohne Anzeigen auskommen (wie umgekehrt die Produzenten von Markenartikeln werben *müssen,* um im Wettbewerb bestehen zu können).

Die Abhängigkeit der privaten Medien (und in zunehmendem Maße auch der öffentlich-rechtlichen Rundfunkanstalten) von bezahlter Werbung verschafft den Unternehmen mit den größten Werbe-Etats einen enormen, wenn auch meist indirekten Einfluß auf die veröffentlichte und damit auch auf die öffentliche Meinung. Die den Markenartikel-Herstellern zugewachsene Macht wird – leider – nicht, wie man annehmen könnte, dadurch aufgewogen und neutralisiert, daß sie ja auch ihrerseits dringend auf Käufer angewiesen sind, die sie nur durch Werbung in den Medien gewinnen und an ihre Produkte gewöhnen können. Das Geld fließt aus der Wirtschaft in die Medien, auch wenn es erst zunächst einmal aus den Taschen der Verbraucher durch Werbung in die Kassen der Markenartikelhersteller gelenkt werden muß.

Nehmen wir einmal ein anonymes Beispiel: Wenn der Chefredakteur des XY-Magazins über die Allgemeinheit gefährdende Mißstände beim Z-Konzern oder auch nur über Mängel des Z-Produkts »Q« berichten will, so muß er zumindest bedenken, daß der Z-Konzern einer der besten Anzeigenkunden seines Blattes ist und alljährlich für »Q«-Werbung einen Millionenbetrag ausgibt. Es bedarf nicht einmal eines direkten und natürlich unzulässigen Eingriffs in die Pressefreiheit von seiten des Z-Konzerns, um die geplante Berichterstattung wenn nicht ganz zu verhindern, so doch erheblich zu entschärfen; das besorgt schon »die Schere im Kopf« des betreffenden Redakteurs, und wenn er sich mit Rücksicht auf seinen Arbeitgeber nicht selbst daran erinnert, was er dem Kunden Z schuldig ist, so wird dies wohl die Verlags-, zumindest die Anzeigenleitung besorgen. Nur wenn eine Zeitung oder Zeitschrift so auflagenstark ist, daß sich die werbende Wirtschaft um frei werdende Anzeigenplätze reißt, oder wenn gar das XY-Magazin das einzige Organ ist, das den für das Z-Produkt »Q« in Frage kommenden Käuferkreis (und auch den für die Produkte der Konkurrenz) sicher erreicht, wird die XY-Redaktion zu der Ansicht gelangen können, daß die korrekte Information der Öffentlichkeit Vorrang haben muß vor der an sich gebotenen Rücksicht auf die Z-Interessen.

Im Jahr werden gegenwärtig von den in der Bundesrepublik werbenden Unternehmen rund 15 Milliarden DM ausgegeben. Allein die Bereiche Körperpflege und Kosmetik, Ernährung, Getränke und Tabakwaren haben 1983 mehr als 3 Milliarden DM für Reklame aufgewendet (wozu angemerkt sei, daß bei einzelnen kosmetischen Produkten ein Drittel des damit erzielten Umsatzes für Werbung ausgegeben wird; der Käufer muß letztlich selbst die Kosten der Reklame tragen, mit denen er angelockt worden ist). Die Werbeetats der Wirtschaft, in erster Linie die der großen Markenartikel-Produzenten, stellen also eine enorme wirtschaftliche und damit auch politische Macht dar. Aber wer sind die Leute, die diese Macht ausüben?

Der Verbraucher kennt zumeist nur die mit großem Werbeaufwand bekanntgemachten und in Erinnerung gehaltenen Markennamen der Produkte, seltener den Firmennamen des Herstellers und nur in Ausnahmefällen den der Eigentümer, noch gar den ganzen Umfang der von diesen ausgeübten wirtschaftlichen Macht.

Wer aber sind die Leute, für deren Produkte tagaus, tagein mit einem Aufwand von Abermillionen geworben wird?

Unsere Markenartikel-Könige

Wenn die Hausfrauen und -männer der Bundesrepublik ihre Einkäufe machen, gleich ob im »Tante-Emma-Laden« nebenan oder im Supermarkt an der Hauptstraße, und wenn sie sich dann auf ihrem Einkaufszettel, neben diversen Lebensmitteln, auch Getränke, Süßwaren, Kaffee, Zigaretten, Wasch- und Putzmittel, Kosmetika sowie ein paar weitere Artikel für die Körperpflege und den Haushalt notiert haben, so ist mit fast hundertprozentiger Wahrscheinlichkeit anzunehmen, daß sie die Umsätze einiger der größten Markenartikelhersteller der Bundesrepublik noch vermehren helfen. So ist es auch, wenn ein Junggeselle am Freitagnachmittag nicht mehr einkauft als, sagen wir: je ein »Savoy«- und »dieto«-Fertiggericht, eine »Dr. Oetker Original italienische Pizza«, zwei Büchsen »Eto«-Suppen; zwei Desserts, eins von »Reese«, eins von »Dibona«, je zwei Dosen »Henninger«-, »Grenzquell Pilsener«- und »Hannen Alt«-Bier; zwei Fläschchen »Söhnlein Rheingold«-Sekt; eine Flasche »Gorbatschow«-Wodka; je eine Packung »Roth-Händle«- und leichte »R1«-Zigaretten für sich und seine Freundin; ein Gläschen »Langnese«-Honig; zwei Päckchen »Ültjes«-Kerne; eine Tafel »Mauxion«-Schokolade; ein paar »Lindt«-Pralinen; je eine Kleinstpackung »Bahlsen«-Keks und »Van Houten«-Kakao; ein Döschen »Nivea«-Creme; ein Döschen »atrix«; ein Päckchen »4711«-Erfrischungstücher; ein Heftchen »Hansaplast«; eine Flasche »Sidolin«; eine Flasche »Paral«; zwei Stück »8×4«-Seife; eine Tüte »tussipect«-Hustenbonbons; eine Flasche »Zeozon«; zwei »doppeldusch«; eine Probepackung »tchibo«-Pulverkaffee.
Am meisten freuen können sich, was die Auswahl dieses

Käufers betrifft, die Eigentümer der Hamburger *Tchibo Frisch-Röst-Kaffee AG* (Umsatz: knapp 2 Milliarden DM), obwohl er doch nur eine Probe ihres Produkts mitnahm. Denn Familie Herz, Alleineigentümerin von »Tchibo«, ist auch maßgeblich beteiligt an der *Reemtsma Cigarettenfabriken GmbH*, Hamburg, und zwar teils als Hauptaktionär (»Tchibo«), teils als Minderheitsaktionär (Frau Ingeburg Herz); eine Schachtelbeteiligung von 25,9 Prozent gehört Hermann Hinrich Reemtsma, der Rest anderen Angehörigen der aus Friesland stammenden Familie Reemtsma.

Zwar hatte unser einkaufender Junggeselle nur eine Packung »R1«-Zigaretten gekauft, die von der Reemtsma-Firma *H.F.&Ph. F. Reemtsma GmbH & Co* – neben vielen anderen Marken – produziert werden, aber auch die *Badische Tabakmanufaktur Roth-Händle GmbH*, Lahr, von der das andere Päckchen stammte, gehört zum Reemtsma-Konzern, ebenso – zu rund 83 Prozent – die *Henninger Bräu AG*, Frankfurt am Main.

Über die *Deutsche Brau GmbH*, Hamburg, die mehrheitlich dem Reemtsma-Konzern gehört, nehmen die Reemtsma-Hauptaktionäre »Tchibo« und Herz auch teil am Betriebsergebnis der *Hannen Brauerei GmbH*, Willich (Bez. Düsseldorf), wo die Deutsche Brau GmbH Hauptaktionärin ist, und die Hannen-Brauerei stellt nicht nur »Hannen Alt« her, sondern auch »Grenzquell Pilsner«, so daß mit allen drei Biersorten, die unser Junggeselle eingekauft hat, auch der Umsatz der Reemtsma-Gruppe (6,2 Milliarden DM; Badische Tabakmanufaktur: 1,4 Milliarden DM) gesteigert, der Wohlstand der Familien Herz und Reemtsma vermehrt wurde.

Indessen ist Familie Herz (nicht hingegen Familie Reemtsma und nur noch zu höchstens einem Drittel die Gründer-Erben) auch erheblich beteiligt an der *Beiersdorf AG*, Hamburg, wo der Allianz-Konzern über 33 Prozent des Aktienkapitals hält, »Tchibo« etwa 27 Prozent. Und Beiersdorf (Umsatz: etwa 2,4 Milliarden DM) produziert nicht nur »Nivea«, sondern auch »atrix«, »Hansaplast«, »tesa«, »8×4«, »Zeozon«, »doppeldusch« und »tussipect« sowie noch zahlreiche andere Markenartikel aus dem kosmetisch-medizinischen Bereich.

Außer Familie Herz kann mit unserem Einkäufer auch Familie Oetker zufrieden sein, aus deren Konzern (Umsatz: etwa 3,2 Milliarden DM) nicht nur die tiefgefrorene Pizza stammt, sondern auch die Produkte von Dibona und Reese, Eto und Langnese, auch die »Savoy«- und »dieto«-Fertiggerichte, der »Gorbatschow«-Wodka und der »Söhnlein«-Sekt, sogar die »Ültjes«-Kerne. Und hätte unser Mann, anstatt »Henninger«, »Hannen Alt« und »Grenzquell Pilsener«, je zwei Dosen »Binding«, »DAB« und »Berliner Kindl«-Bier eingekauft, hätten sich Oetkers noch mehr gefreut, denn bei diesen (und einigen anderen) Brauereien sind sie die Hauptaktionäre.

Außer »Söhnlein Rheingold«, sind noch vier weitere Sektkellereien 100prozentige Söhnlein-Oetker-Töchter, und an der Sektkellerei Fürst Metternich, Johannisberg, ist der Konzern mit 90 Prozent beteiligt.

Wie die Familien Herz und Oetker, so sind auch die Eigentümer der *»Trumpf«-Schokoladefabrik GmbH*, Aachen, durchaus zufrieden, obwohl unser Junggeselle gar keine Tafel dieser Marke gekauft hat. Aber neben »Trumpf« gehören auch die Marken »Mauxion«, »Novesia«, »van Houten« und einige mehr zum Konzern der *Leonard Monheim AG*, Aachen (Umsatz: 1,7 Milliarden DM), und die Herstellerin von »Lindt«, die *Lindt & Sprüngli GmbH*, Aachen, ist ebenfalls eine – mitunter verheimlichte, von den anderen Marken jedenfalls sorgfältig separat gehaltene – 100prozentige Monheim-Tochter, ebenso die *Regent International Schokoladenfabrik GmbH*. Eigentümer des 1857 gegründeten Unternehmens ist Familie Monheim.

Mit der Wahl des Käufers zufrieden sein kann auch die *Henkel KG aA*, Düsseldorf, mit 8,8 Milliarden DM Konzern-Umsatz eines der größten Unternehmen der bundesdeutschen Wirtschaft und 100prozentig im Eigentum der Familie Henkel, die ohne Zweifel zu den Geldgiganten gehört (siehe auch *ABC*). Denn Henkel stellt nicht nur zahlreiche weltbekannte Marken-Wasch- und Reinigungsmittel her, die das Firmenzeichen *Henkel* tragen, z.B. *Persil, Perwoll, Imi, Ata* oder auch das von unserem Käufer erworbene Geschirrspülmittel *Pril,* sondern auch – unter dem Firmenzeichen der 100prozentigen Henkel-Tochter *Thompson-Siegel GmbH* – eine Vielzahl von weiteren Markenartikeln derselben Branche, z. B. *Sidol, Sidolin* und *Paral.*

100prozentig in Henkel-Eigentum sind auch die *Matthes & Weber GmbH*, Duisburg; *Noblee & Thörl GmbH*, Hamburg; *Gebr. Kleiner GmbH*, Berlin, die Parfüms und Kosmetik herstellt; *Sichel-Werke GmbH*, Hannover, sowie die *Cordes & Co GmbH*, Porta Westfalica. Diese fünf bundesdeutschen Henkel-Töchter haben zusammen ein Stammkapital von über 50 Millionen DM, Thompson-Siegel weitere knapp 30 Millionen DM; die Stammfirma Henkel KGaA weist ein Grundkapital von 300 Millionen DM aus, außerdem stille Beteiligungen in Höhe von rund 130 Millionen DM. Darüber hinaus hat der Henkel-Konzern zahlreiche ausländische Produktionsstätten und Tochtergesellschaften in Westeuropa, USA und Brasilien, verfügt über eine eigene Walfangflotte sowie über einen sehr ausgedehnten Grundbesitz und gehört zur Spitzengruppe deutscher Wirtschaftsunternehmen.

Die Familie Henkel – im Henkel-Aufsichtsrat vertreten durch dessen Vorsitzenden Dr. Konrad Henkel – hat aber auch umfangreiches Kapital außerhalb des eigenen Konzerns angelegt und ist beispielsweise maßgeblich beteiligt an einem noch größeren Konzern, nämlich an der *Degussa AG*, Frankfurt, wo sie mit ihrem Anteil von knapp 40 Prozent des

Aktienkapitals der einzige Großaktionär ist und wo Dr. Konrad Henkel ebenfalls den Vorsitz im Aufsichtsrat hat.

»Degussa« – eine Abkürzung für »Deutsche Gold- und Silber-Scheideanstalt« – erzielt einen Umsatz von mehr als 11 Milliarden DM und hat eine Vielzahl von Tochterunternehmen in aller Welt, außerdem etliche sehr bedeutende in- und ausländische Beteiligungen. Zu den wichtigsten Degussa-Beteiligungen in der Bundesrepublik gehören die *Norddeutsche Affinerie AG*, Hamburg (Umsatz: über 2,5 Milliarden DM; Degussa-Anteil: 40 Prozent), die *Leybold-Heraeus GmbH*, Köln (Degussa-Anteil: 33,3 Prozent) und die *Nukem GmbH*, Hanau (Degussa-Anteil: 35 Prozent), wozu angemerkt sei, daß *Nukem* eine Reaktorbau-Holding ist. Henkel produziert also nicht nur Waschmittel, sondern ist auch – durch eine dreifach indirekte Familienbeteiligung der Eigentümer – am Kernkraftwerksbau und -betrieb wesentlich beteiligt. Natürlich üben die Geldgiganten Henkel neben wirtschaftlicher Macht auch erheblichen politischen Einfluß aus, meist ebenfalls sehr indirekt, aber deshalb nicht minder wirksam. Davon wird im nächsten Kapitel noch die Rede sein.

Zunächst seien noch die letzten Markenartikel in der Einkaufstasche unseres als Beispiel gedachten Käufers näher betrachtet, zunächst das Päckchen Erfrischungstücher der weltbekannten Marke »4711«. Der Produzent ist ein Unternehmen, das mit vollem Firmennamen *Eau de Cologne- und Parfümerie-Fabrik Glockengasse Nr. 4711 gegenüber der Pferdepost von Ferd. Mülhens* (wobei aber Ferd. Mülhens nicht, wie man annehmen könnte, der Posthalter war, dessen Pferdepost gegenüber der Fabrik domizilierte, sondern der Eigentümer des – von der französischen Verwaltung so glücklich numerierten – Hauses und der darin betriebenen Fabrik für Kölnisch Wasser).

Das Unternehmen, schon 1792 gegründet, ist bis heute eine

Einzelfirma, die zwar zu den Umsatzriesen und auch zu den bedeutendsten Werbekunden der Medien zählt, die aber absolut nichts über ihre Geschäfte verlauten läßt. Es gibt weder in den einschlägigen Handbüchern noch sonstwo irgendwelche Angaben über das vorhandene Kapital oder die erzielten Umsätze.

Alleininhaber des Unternehmens ist Ferdinand Mülhens, geboren 1937, in sechster Generation Erbe der inzwischen zum Weltkonzern angewachsenen Firma. Angemerkt sei, daß zum 4711-Reich auch die Parfümerie-Herstellerfirma Jünger & Gebhardt gehört, vermutlich noch vieles andere; außerdem hat die Familie Mülhens sehr ausgedehnten und wertvollen Grundbesitz, darunter Schloß Röttgen mit riesigem, von hohen Mauern vollständig umschlossenem Park, familieneigenem Gestüt und großen Jagdrevieren, die sich bis weit ins Siebengebirge erstrecken, wo die Bergbahnen, bis vor kurzem auch das Petersberg-Hotel, das derzeit zum Gästehaus der Bundesregierung umgebaut wird, ebenfalls zum Mülhens-Besitz gehören.

Bleibt noch der letzte Markenartikel im Einkaufskorb: das Päckchen Bahlsen-Keks, ein Produkt der *H. Bahlsen Keksfabrik KG,* Hannover, die mit über 10 000 Beschäftigten und einem weltweiten Umsatz von 1,3 Milliarden DM noch mancherlei mehr herstellt als nur Keks. Auch dieses Unternehmen ist im Alleineigentum einer Familie; die geschäftsführenden Gesellschafter sind Werner, Klaus, Hermann, Lorenz und Werner Michael Bahlsen.

Mit den Familien Herz, Reemtsma, Beiersdorf, Oetker, Monheim, Henkel, Mülhens und Bahlsen kennen wir nun schon einen beachtlichen Teil der *Crème de la crème* unserer Markenartikel-Konzern-Herren und -Damen. Schon allein mit den Abermillionen Mark, die sie für Werbung in den Medien allmonatlich ausgeben, üben diese Geldgiganten eine nicht zu unterschätzende wirtschaftliche und letztlich auch politische Macht aus, erst recht mit ihrer geballten Finanz-kraft, mit ihren Spenden an die politischen Parteien und anderen Organisationen und mit den guten Beziehungen, die sie sich damit schaffen. Mitunter stellen sie sogar selbst aus ihrem Top-Management einen Regierungschef, wie zum Beispiel Bahlsen in Hannover: Der seit 1976 amtierende nieder-sächsische Ministerpräsident Dr. Ernst Albrecht war zuvor, von 1971 bis 1976, Geschäftsführer bei Bahlsen und zugleich bis 1975 Vorsitzender des Ausschusses für Wirtschaft und Verkehr im niedersächsischen Landtag. Dr. Ernst Albrecht, auch stellvertretender Vorsitzender der CDU, hat der Keks-fabrik als ihr Geschäftsführer also wohl nicht seine volle Aufmerksamkeit widmen können. Daß ihn die Firma Bahl-sen dennoch fünf Jahre lang hoch oben auf der Gehaltsliste stehen hatte, mag damit zusammenhängen, daß sich die Inha-ber des Unternehmens, die der CDU eng verbunden sind, um die Förderung eines Spitzenpolitikers ihrer Partei verdient machen wollten, ohne an den möglichen eigenen Vorteil zu denken.

Indessen ist, wie wir im nächsten Kapitel sehen werden, das politische Mäzenatentum unserer Geldgiganten in aller Regel und seit eh und je durchaus zweckbestimmt und keineswegs selbstlos.

Das große Geld und die Politik

Otto v. Bismarck, der spätere erste Reichskanzler der Hohenzollern-Monarchie, hat es auf eine ganz einfache Formel gebracht. 1849, nachdem die bürgerliche Revolution gerade gescheitert war, erklärte er als konservatives Mitglied des preußischen Abgeordnetenhauses von der Rednertribüne herab mit zynischer Offenheit:

»Ich bin ein Junker und will meinen Vorteil davon haben!«
Diesen späteren Reichsgründer und ›Eisernen Kanzler‹, der zwanzig Jahre lang als Europas ›ehrlicher Makler‹ und angesehenster Staatsmann die deutsche Großmachtpolitik bestimmte und als grollender ›Alter vom Sachsenwald‹ 1898 zu Friedrichsruh verstorben ist, kennt jeder, der eine deutsche Schule besucht hat. Er ist für die Deutschen eine Denkmalsfigur, ein granitener Riese wie in Hamburg oder Köln, ein gepanzerter Kürassier in weißer Paradeuniform wie auf Anton v. Werners berühmtem Gemälde, ein schnauzbärtiger Zivilist auf Briefmarken der Bundespost oder eine Art Super-Schutzmann mit Pickelhaube und buschigen Augenbrauen, der es allen Reichsfeinden ›besorgt‹. Keine Stadt in der Bundesrepublik, die nicht ihre Bismarck-Straße, -Allee, -Anlage oder ähnliches hätte – kurz, eine Heldenfigur, ein großer Staatsmann, der sein Leben der Einheit und Größe Deutschlands weihte, hoch erhaben über schnöden Mammon und schmutzige Geschäfte.

Ohne Bismarcks staatsmännische Größe und Leistung in Zweifel zu ziehen, müssen wir dennoch die naiven Vorstellungen gründlich korrigieren, er wäre an Geld und gar an eigener Bereicherung nicht interessiert gewesen. Inzwischen ist historisch einwandfrei belegt, daß Bismarck – um den

94

Lieblingsausdruck eines anderen aristokratischen Kanzlers, Konrad Adenauers, zu benutzen – durchaus »nicht pingelig« war, wenn sich mit Hilfe von Geld Politik machen ließ. Aber er nahm auch jede Gelegenheit war, mit Hilfe seiner politischen Macht Geld zu machen – für sich und die Seinen.

Schon gegen Ende des Reichsgründungsjahres 1871 war der einstige Junker von Bismarck, der fünf Jahre zuvor nur das hoch verschuldete Familiengut Schönhausen I (damals etwa 400, später 700 Hektar groß) besessen hatte, nicht nur ein Fürst geworden, sondern auch ein Multimillionär. Vom Preußenkönig, dem nunmehrigen deutschen Kaiser Wilhelm I., hatte er 400 000 Taler (= 1,2 Millionen Goldmark damaligen, mindestens 240 Millionen DM heutigen Wertes) geschenkt bekommen, dazu eine hübsche Domäne: das Gut Schwarzenbek nebst dem Sachsenwald bei Hamburg, dazu den Fürstentitel. »Die neue Dotation ist, wie ich denke, sehr wertvoll«, teilte der nunmehrige Fürst Bismarck am 23. Juli 1871 seinem älteren Bruder mit, »bisher aber brachte sie mir nur eine Ausgabe von 85 000 Talern, die ich aufgenommen habe, um eine Parzelle mitten darin (Friedrichsruh) zu kaufen, den einzigen Fleck, wo man sich etablieren kann... Die Einnahmen waren bisher netto 34 000 Taler (das waren – jährlich – über 100 000 Goldmark, mindestens 2 Millionen DM heutigen Wertes!)... Die Einnahmen stehen mir erst vom 1. Januar 1872 (an) zu. Bis dahin mache ich Schulden...«

Kurze Zeit später aber war Bismarck völlig schuldenfrei, überdies Eigentümer von über 20 000 Hektar Gutsbesitz, knapp die Hälfte davon in der Nähe von Hamburg. Dieser enorme Reichtum hinderte den ›Eisernen Kanzler‹ jedoch nicht daran, sich auf vielfältige und keineswegs im Einklang mit den geschriebenen und ungeschriebenen Gesetzen stehende Weise immer neue Geldquellen zu erschließen und umgekehrt seine gesetzlichen Zahlungsverpflichtungen nicht zu erfüllen.

So verschaffte er sich beispielsweise rund 100 000 Goldmark jährlich durch viel zu teure Verpachtung von Grundstücken und Wasserrechten an Fabrikanten, die ihm nur deshalb so viel bezahlen konnten, weil ihnen vom preußischen Staat, dessen Ministerpräsident ihr Pachtherr ja war, langjährige Lieferverträge zugeschanzt worden waren. Bei der Gründung der Preußischen Centralbodencredit AG im Jahre 1870 beteiligte sich Bismarck über seinen Bankier Bleichröder mit 415 000 Talern (= 1,245 Millionen Goldmark), erzielte dabei einen sofortigen Kursgewinn von 250 000 Goldmark und kassierte diesen Betrag nach alsbaldigem Verkauf seiner Aktien im wesentlichen dafür, daß er der ›Centralboden‹ einige ungesetzliche Vorteile verschaffte und diese durch den Landtag im Eilverfahren sanktionieren ließ.

Bei einer ganzen Reihe von Börsengeschäften verfuhr Bismarck ganz ähnlich (und für sich nicht minder einbringlich), und am Ende seiner Laufbahn nahm er, gewissermaßen zur Krönung und als Ausdruck seiner Verachtung aller Korrektheits-Normen preußischer Beamter, kurzerhand mit, was im Geheimfonds des Reichskanzleramts an Bargeld gerade noch vorhanden war: 231 000 Goldmark! Seine Biographen meinen dazu, falls sie diesen skandalösen Vorgang überhaupt erwähnen, etwas betreten, der Altkanzler habe vielleicht noch gewisse Verpflichtungen zu regeln gehabt und dies nicht seinem Nachfolger überlassen wollen...

Was nicht erfüllte Zahlungsverpflichtungen angeht, so nutzte Bismarck seine Macht dazu aus, jahrelang keine Grundsteuer für den Sachsenwald zu bezahlen und alle Mahnungen des Finanzamts unbeantwortet zu lassen. Gegen eine Kreissteuer wehrte er sich – natürlich erfolgreich – durch Beschwerde beim Innenminister, seinem Untergebenen, der zugleich ein naher Verwandter seiner Frau war. Umgekehrt erpreßte er vom Kreis Mölln – und zwar mit der Drohung, der Kreisstadt die Garnison zu entziehen – das Geschenk einer Villa im

Feuerversicherungswert von 40 000 Goldmark sowie die kostenlose Überlassung einer hübschen Insel in einem an seinen Sachsenwald grenzenden See. Das Resultat so unbekümmerter Vermögensbildung bei gleichzeitiger Nichterfüllung eigener Verpflichtungen war ein sehr beträchtlicher Reichtum, den Bismarck, als er 1898 starb, seinen Erben hinterlassen konnte.

Sein ältester Sohn Herbert, der unter der Kanzlerschaft seines Vaters das Auswärtige Amt geleitet hatte, starb schon 1904. Von seinen drei Söhnen heiratete der jüngste 1955 eine reiche Erbin, Mona geborene Strader geschiedene Schlesinger geschiedene Bush verwitwete Harrison Williams, und diese nunmehrige Mona Gräfin Bismarck war unter anderem Großaktionärin der Intercontinental-Hotelkette. Der zweitälteste Sohn des Kanzler-Haupterben, Graf Gottfried, verstorben 1949, war ›Alter Kämpfer‹, dann auch Reichstagsabgeordneter der Nazi-Partei, Mitglied des exklusiven ›Freundeskreises des Reichsführers SS Heinrich Himmler‹ und bis 1945 Regierungspräsident in Potsdam. Der älteste Bismarck-Enkel, Otto, geboren 1897, gehörte schon als Kind zu den Reichsten im Deutschen Reich und wäre sicherlich in der Hohenzollernmonarchie hoch aufgestiegen, nur waren, als er 1918 volljährig wurde, deren Tage schon gezählt. Immerhin wurde Otto 3. Fürst von Bismarck mit 26 Jahren Reichstagsabgeordneter der die Weimarer Republik bekämpfenden Deutschnationalen, leitete in der Nazizeit von 1937 an die Politische Abteilung des Auswärtigen Amts, kam dann als Botschafter nach Rom, wurde nach dem Sturz Mussolinis in den Wartestand versetzt, konnte aber nach dem Zweiten Weltkrieg erneut ins Parlament einziehen: Von 1953 bis 1965 war Otto 3. Fürst von Bismarck Mitglied der CDU-Fraktion im Bonner Bundestag. Außerdem gehörte Fürst Bismarck, der 1976 in Friedrichsruh verstorben ist, zu den bundesdeutschen Geldgiganten, denn wenn ihm auch mehr als die Hälfte des Großgrundbesitzes seines Großvaters in der DDR als ›Junkerland‹ enteignet worden war, so hatte er doch dafür im Zuge des Lastenausgleichs eine sehr beträchtliche Entschädigung erhalten, und außerdem waren ihm ja Friedrichsruh und der Sachsenwald geblieben. Was den Wert dieses hart an der Grenze zur DDR gelegenen Grundbesitzes angeht, so hatte schon der Verfasser der Millionärsjahrbücher von 1913/14, Regierungsrat a. D. Rudolf Martin, dazu angemerkt: »Der Sachsenwald ist für Hamburg das, was der Grunewald für Berlin ist, jedoch mit dem Unterschied, daß der Grunewald nur 4555 Hektar groß ist, während die eigentliche Fideikommißherrschaft Schwarzenbek (Sachsenwald) 7385 Hektar ausmacht«, zudem noch um Schloß und Park von Friedrichsruh vergrößert worden war, »und daß die Luftlinie Friedrichsruh-Hamburg Hauptbahnhof bloß 15 Kilometer beträgt. Im Falle der Parzellierung und des Verkaufs würde Fürst Bismarck einige Dutzend Vororte von der Größe der Kolonie Berlin-Grunewald schaffen...«

Prophetische Worte, denn genau dies ist um 1950 der Fall gewesen, wenn auch in geringerem Ausmaße. Was damals verkauft und in Vororte Hamburgs verwandelt wurde, reichte jedoch aus, den 3. Fürsten Bismarck und alle seine Nachkommen zu Geldfürsten zu machen. Und was der Familie an stadtnahem Grundbesitz verblieben ist, hat noch immer einen dreimal größerenUmfang als die Ländereien des Bankiers August v. Finck am Stadtrand von München, deren Wert der Rat der Isarmetropole bereits vor zweieinhalb Jahrzehnten auf 1,2 Milliarden DM schätzte...

Der heutige Eigentümer des Bismarck-Vermögens ist der Rechtsanwalt Ferdinand 4. Fürst v. Bismarck, geboren 1930, der in den sechziger Jahren als Hauptverwaltungsrat bei der EG-Behörde in Brüssel tätig war, heute auf Schloß Friedrichsruh lebt und sich bescheiden als ›Verwalter des Forstguts‹ bezeichnet.

Dieser Ausflug in die Geschichte sollte indessen nur zeigen, daß Politik ein durchaus einbringliches Gewerbe sein kann (und in der Regel auch ist), weshalb sich unsere Geldgiganten auch nie gescheut haben, selbst Ausflüge in die Politik zu unternehmen – oder von ihren Vertrauensleuten unternehmen zu lassen.

In den Reichstagen des Kaiserreiches saßen in den Jahren 1871 bis 1918 nicht nur die meisten der hocharistokratischen Großgrundbesitzer – von Franz Assisi Maria Prinz und Herzog von Arenberg bis zum Fürsten Wilhelm von Waldburg zu Zeil mit der Berufsangabe »Standesherr« –, meist auf den Bänken des rechten Zentrums, der Konservativen oder der nationalistischen Deutschen Reichspartei. Vielmehr waren auch etliche Konzernchefs der westdeutschen Schwerindustrie unter den damaligen Mandatsträgern, beispielsweise der Geheime Kommerzienrat Friedrich Alfred Krupp aus Essen als Hospitant der Deutschen Reichspartei oder auch der andere führende Rüstungsindustrielle des Kaiserreichs, Karl Ferdinand Freiherr v. Stumm auf Halberg, Eisenhüttenbesitzer aus Neunkirchen/Saar, ebenfalls bei der ultrarechten DRP.

In den Jahren der Weimarer Republik wurden die Krupp-Interessen im Reichstag wahrgenommen von dem Geheimen Finanzrat Dr. Alfred Hugenberg, dem Führer der Deutschnationalen bis 1933, als er Reichswirtschaftsminister im ersten Kabinett Hitler wurde. Hugenberg war fast ein Jahrzehnt lang, von 1909 bis Ende 1918, Vorsitzender des Krupp-Direktoriums gewesen, daneben auch Vorsitzender eines Vereins, der die Interessen der Rüstungs- und Montanindustrie des Ruhrreviers wahrnahm, und hatte an der Spitze der ›Alldeutschen‹ den Ersten Weltkrieg vorbereiten helfen. Bei Kriegsausbruch legte er mit dem Ankauf des Berliner Scherl-Verlags den Grundstein seines Propaganda-Konzerns, den er mit finanzieller Unterstützung der Ruhrkonzerne zu einem bis dahin in Deutschland einzigartigen Monopol der Massenmedien ausbaute.

Hugenbergs Berliner Zeitungsverlag erwarb zunächst die Nachrichtenagentur Telegraphen-Union (TU), kaufte dutzendweise notleidende Provinzblätter auf oder brachte sie in finanzielle Abhängigkeit, monopolisierte mit seiner Anzeigenagentur (»Ala«) das Inseratengeschäft, entwickelte von 1922 an die Boulevardpresse (»Berliner Nachtausgabe«) und rief im gleichen Jahr einen Materndienst ins Leben, der bald etwa die Hälfte aller deutschen Zeitungen mit fertigen Leitartikeln und politischen Kommentaren versorgte. Als nächstes drang Hugenberg in den Aufsichtsrat der Rundfunkgesellschaften ein und erwarb 1927/28 die Aktienmehrheit der größten deutschen Filmgesellschaft »Ufa«, deren aktuelle Wochenschau damals etwa den gleichen Stellenwert hatte wie heute die aktuellen Nachrichtensendungen des Fernsehens. Mit diesem Massenmedien-Konzern, den er ganz in den Dienst der deutschnationalen Propaganda, des Militarismus und Chauvinismus stellte, bereitete Hugenberg das Ende der Weimarer Republik, die Machtübernahme der ›nationalen Front‹ unter Führung der Nazis und die Wiederaufrüstung vor. Als »Generalschatzmeister« der deutschen Schwerindustrie verschaffte Hugenberg der Nazi-Partei einen zunächst 20prozentigen Anteil an allen »Zuwendungen« der Ruhrmagnaten an die deutsche Rechte. Nachdem Hitler fest im Sattel saß, wurde Geheimrat Hugenberg ›kaltgestellt‹; Josef Goebbels übernahm den gesamten Propagandaapparat, Göring und Himmler waren fortan die Geldbeschaffer.

Zu den Vertretern der Ruhrindustrie in den Reichstagen der Weimarer Republik gehörte von 1920 bis 1933 auch Dr. Florian Klöckner, Teilhaber des von seinem Bruder Peter geführten Klöckner-Konzerns; Dr. Carl Friedrich v. Siemens, der damalige Chef des Siemens-Konzerns, war bis 1924 Mitglied der liberalen (DDP-)Fraktion. Der nationalliberalen Reichstagsfraktion (DVP) gehörte der Chemie-Industrielle Dr. Wilhelm Kalle an, und so ließe sich die Reihe beliebig fortsetzen.

In den Jahren der Nazi-Diktatur, als der Reichstag nur noch dekorative Funktionen hatte und ab und zu zusammengerufen wurde, um eine Verlautbarung des ›Führers‹ mit stürmischem Beifall entgegenzunehmen und anschließend das Deutschland- und das Horst-Wessel-Lied zu singen, waren die Konzernherren, Bankiers und Großgrundbesitzer fast in Kompaniestärke im Reichstag vertreten, sämtlich als Mitglieder oder ›Gäste‹ der Nazi-Fraktion, denn eine andere gab es ja nicht mehr. Einer der prominentesten aus der Spitzengruppe der Ruhrindustriellen war der Reichstagsabgeordnete Dr. Fritz Thyssen aus Mülheim/Ruhr, NSDAP, gewählt im Wahlkreis 22 (Düsseldorf-Ost).

Fritz Thyssen, damals Großaktionär und Chef der Vereinigten Stahlwerke, gehörte zu den Hauptförderern der Nazis von Anfang an. Schon 1923 hatte er, wie er in seinen Erinnerungen, die unter dem Titel *I financed Hitler* (»Ich finanzierte Hitler«) nach dem Zweiten Weltkrieg zunächst in englischer Sprache veröffentlicht wurden, selbst bekannt hat, den Hitler-Ludendorff-Putsch mit für damalige Verhältnisse enormen Geldspenden möglich gemacht. Nachdem dieser Umsturzversuch gescheitert war, half Fritz Thyssen den Nazis bei dem Aufbau ihrer Kampforganisationen SA und SS mit zusammen mindestens einer Million Reichsmark. Vor allem aber sorgte er mit dafür, daß die Hitler-Partei dann auch von den anderen Großindustriellen finanziell gefördert wurde. 1939, unmittelbar vor Kriegsausbruch, setzte sich Thyssen von den Nazis ab, denn er sah voraus, daß der von Hitler vorbereitete Krieg mit der Niederlage Deutschlands enden würde. Er flüchtete ins Ausland, wurde aber später von der Gestapo aufgespürt und kam – zum Dank für seine Millionenspenden – bis Kriegsende ins KZ.

Die übrigen Geldgiganten, soweit sie nicht Juden waren und

enteignet wurden, arrangierten sich jedoch mit den braunen Machthabern, denen sie so viel zu verdanken hatten: die vollständige Zerschlagung der Gewerkschaften und Arbeiterparteien, die Beseitigung der Tarifhoheit, das Streikverbot, dazu glänzende Profite durch massenhafte staatliche Rüstungsaufträge und die Gelegenheit, allen jüdischen Besitz weit unter Wert zu ›arisieren‹. Nach Kriegsausbruch kam nicht nur die Ausplünderung der besetzten Gebiete hinzu, die sie unter dem Schutz der Wehrmacht und SS betreiben durften, sondern auch, nachdem die Arbeitskräfte knapp zu werden begannen, die millionenfache Überlassung von Arbeitssklaven an ihre Unternehmen, die durch die Ausbeutung dieser Unglücklichen bis zum Äußersten ihre Gewinne nochmals kräftig vermehren konnten.

So drängten sich denn die Herren der Wirtschaft in den exklusiven Klub, dessen Mitglieder der Herr über alle Konzentrationslager, Sicherheitsdienste und Raubkommandos, der SS-Chef Himmler, als seine Freunde bezeichnete und für diese ›Ehre‹ kräftig zur Kasse bat.

Dieser »Freundeskreis des Reichsführers SS Heinrich Himmler«, wie der Klub sich nannte, war folgendermaßen entstanden: Am 4. Januar 1933 fand in Köln-Marienburg, in der Villa des Bankiers Kurt Freiherr v. Schröder, eine (für das Ende der Weimarer Republik und die Errichtung der Hitler-Diktatur entscheidende) geheime Unterredung statt zwischen Adolf Hitler und dem Ex-Reichskanzler Franz v. Papen, dem Schwiegersohn des Freiherrn v. Boch-Galhau, Chefs des Villeroy & Boch-Konzerns (heutiger Umsatz: etwa 1,2 Milliarden DM). Hitlers Propagandachef Dr. Goebbels vermerkte zwei Tage nach diesem Treffen in seinem Tagebuch: »In Anbetracht der erfreulich fortschreitenden Entwicklung findet man kaum noch die Lust, sich um die schlechte Finanzlage der Organisation zu kümmern« und meinte, obwohl die Hitler-Partei damals, nach dem verlustreichen Wahlkampf des Herbstes 1932, vor dem Bankrott stand, dies werde auch bald keine Rolle mehr spielen. Schon zehn Tage später, am 16. Januar 1933, notierte sich Goebbels, die Finanzlage der Partei habe sich »über Nacht grundlegend geändert« – zum Guten natürlich. Und von da an war von Geldnot überhaupt keine Rede mehr. Das Bündnis der Nazis mit den Konservativen hatte die versiegenden Geldquellen wieder sprudeln lassen, Industrie, Banken und Großgrundbesitzer spendeten nun überreichlich. Der Vermittler des Bündnisses, der Bankier Freiherr v. Schröder, aber wurde Schatzmeister eines Kreises, der weiterhin den Spendenfluß aus Industrie und Bankwelt aufrechterhalten sollte, ihn aber gezielt in die Kasse des immer mächtiger werdenden SS-Chefs zu lenken hatte. So entstand der »Freundeskreis des Reichsführers SS«, der nur 36 Mitglieder hatte. Nach einem Verzeichnis vom November 1939 gehörten ihm damals an:

- Dr. Rudolf Bingel, Generaldirektor der Siemens-Schukkert AG (und Vertrauensmann der Familie v. Siemens);
- Dr. Heinrich Bütefisch, Vorstandsmitglied der IG Farbenindustrie (und zuständig für den Leuna-Komplex, später auch für das Leuna-Zweigwerk in Auschwitz);
- Friedrich Flick, Chef des Flick-Konzerns;
- Karl Ritter v. Halt, Vorstandsmitglied der Deutschen Bank;
- Ewald Hecker, Großaktionär und Direktor der Ilseder Hütte;
- Emil Helfferich, Aufsichtsratsvorsitzer der HAPAG;
- Otto Heuer, Generaldirektor der Portland-Cement-Werke Heidelberg;
- Richard Kaselowsky, Chef der Firma Dr. August Oetker, Bielefeld, (der Stiefvater des heutigen Konzernchefs Rudolf August Oetker);
- Karl Lindemann, Aufsichtsratsvorsitzer des Norddeutschen Lloyd;

- Prof. Dr. Meyer, Vorstandsmitglied der Dresdner Bank;
- Dr. Karl Rasche, Vorstandsmitglied der Dresdner Bank;
- Friedrich Reinhart, Aufsichtsratsvorsitzer der Commerz-bank;
- Hellmuth Rochnert, Vorstandsmitglied der Rheinmetall-Borsig AG;
- August Rosterg, Generaldirektor der Wintershall AG (und engster Geschäftspartner von Günther Quandt, Chef des Quandt-Konzerns, dessen Ehefrau Magda sich von ihm hatte scheiden lassen, um den Propagandachef Josef Goebbels zu heiraten);
- D. Heinrich Schmidt, Aufsichtsratsvorsitzer der Wintershall AG;
- Dr. Kurt Schmitt, Vorsitzer des Aufsichtsrats der Münchner Rückversicherungsgesellschaft (und Vertrauensmann des Allianz-Konzerns sowie dessen Hauptaktionärs, August v. Finck);
- Kurt Freiherr v. Schröder, Privatbankier (damals Mitinhaber des Kölner Bankhauses I. H. Stein);
- Otto Steinbrinck, Mitglied des Aufsichtsrats der Mitteldeutschen Stahlwerke AG (eines Unternehmens von Flick, dessen wichtigster Vertrauensmann er war);
- Dr. Wilhelm Voss, Vorstandsmitglied der Reichswerke AG für Erzbergbau und Eisenhütten ›Hermann Göring‹;
- Hans Walz, Geschäftsführer der Robert Bosch GmbH (und Vertrauensmannn der Familie Bosch).

Die übrigen Mitglieder des ›Freundeskreises‹ waren hohe SS-Führer, die mit den Industriellen und Bankiers Kontakt zu halten hatten, sowie Verbindungsleute zu den wichtigsten Ministerien, meist im Staatssekretärsrang.

Einer dieser Verbindungsmänner im ›Freundeskreis‹ war der damalige Persönliche Referent von Goebbels und spätere Staatssekretär im Reichspropagandaministerium, Dr. Werner Naumann. Er, der es bis zum SS-Oberführer brachte, hielt den Kontakt zwischen der Terror- und der Propagandazentrale sowie zur Industrie- und Bankwelt. Er gehörte zu den Getreuen, auch der letzten Stunde, die erst mit Martin Bormann, der ›Grauen Eminenz‹ des ›Dritten Reiches‹, den ›Führer‹bunker verließen, nachdem Hitler und Goebbels – samt Ehefrau Magda und allen Kindern, bis auf den Stiefsohn Harald Quandt, späteren Miterben des Quandt-Konzerns, der in Gefangenschaft geraten war – schon Selbstmord begangen hatten. Dr. Naumann überlebte den Zusammenbruch der Naziherrschaft.

Anfang der fünfziger Jahre machte er dann erstmals von sich reden: Es war ihm gelungen, mit einem Kreis von SS-Führern und NS-Propagandafachleuten wieder in die Politik einzudringen. Sein Vertrauensmann, der ehemalige SS-Standartenführer Wolfgang Diewerge, Hitleranhänger seit 1923 und Experte im Goebbels-Ministerium bis 1945, war mit von der Partie. (Diewerge wurde bald darauf mit der Rednerschulung der FDP von NRW betraut.) Gemeinsam mit einigen anderen prominenten Nazis unternahmen sie den nicht ganz erfolglosen Versuch, die FDP zu unterwandern. Eine Aktion der britischen Besatzungsmacht, bei der Dr. Naumann und seine Freunde verhaftet wurden, unterbrach diese Bemühungen nur für kurze Zeit, aber Dr. Naumann hielt sich danach mehr im Hintergrund und überließ seinen Freunden die Pflege der Beziehungen zum rechten Flügel der FDP, zur bayerischen CSU und zu noch weiter rechts stehenden Gruppen, vor allem aber zu jenen Unternehmerkreisen, die er im ›Freundeskreis‹ kennengelernt hatte. Zwei dieser Naumann-Freunde seien hier schon genannt: Siegfried Zoglmann und Dr. Eberhard Taubert; auf beide werden wir noch zurückkommen, doch sei hier schon vorweggenommen, daß Zoglmann, einstiger HJ- und SS-Führer, Leiter der Verbindungsstelle zum Goebbels-Ministerium bei der Reichsjugendführung und späterer Chef der Befehlsstelle Böhmen und Mähren, 1950 bereits Pressereferent der FDP-Landesleitung in NRW war, 1954 Landtags- und 1957 FDP-Bundestagsabgeordneter wurde. Dr. Taubert, ehedem im Goebbels-Ministerium zuständig für die »Aktivpropaganda« gegen Juden und Kommunisten, später Generalreferent Ost und Verbindungsmann zur Rundfunkabteilung des Auswärtigen Amtes, die von dem späteren Bundeskanzler Kurt Georg Kiesinger (CDU) geleitet wurde, war bis etwa 1950 erfolgreich untergetaucht. Wenige Jahre später gehörte er zu den Mitarbeitern des damaligen Bundesverteidigungsministers Franz Josef Strauß und diente diesem als Berater für psychologische Kriegsführung – bis von jüdischer Seite Protest laut wurde und Dr. Taubert aus Bonn verschwinden mußte. Wir werden ihm später noch begegnen, in Rheinland-Pfalz, als dort von Industriemagnaten und -managern die Weichen für die spätere Kanzlerschaft von Helmut Kohl gestellt wurden.

Doch noch einmal zurück in die Nazizeit, zum »Freundeskreis des Reichsführers SS Heinrich Himmler«, wo einige der mächtigsten Wirtschaftsbosse, Industrie- und Bankmagnaten geselligen Umgang mit ihren Freunden, den Organisatoren des Massenmords, pflogen. Meist waren es nur sogenannte ›Herrenabende‹, die der ›Freundeskreis‹ veranstaltete, aber die Dokumente beweisen, daß es auch gemeinsame Ausflüge, natürlich im »Sonderzug des Reichsführers«, gab – mindestens einmal zur Besichtigung eines Konzentrationslagers, woran sich aber keiner der Industriellen und Bankiers später noch erinnern konnte. Nicht zu bestreiten waren indessen die Zahlungen, die sie dem ›Reichs-Heini‹, wie sie Himmler unter sich spöttisch nannten, Jahr für Jahr leisteten; die Buchführung ist nämlich erhalten geblieben, und so wissen wir, daß Flick und Siemens, Wintershall und IG Farben, kurz: alle, die im ›Freundeskreis‹ vereint waren, für die »besonderen Liebhabereien« Himmlers Millionenbeträge spendeten. Allerdings – das ist nun einmal so, wenn Multimillionäre tief in die Tasche greifen – erwarteten und erhielten die Spender von der SS-Führung Gegenleistungen von weit größerem Wert: Sie konnten im In- und Ausland nach Herzenslust ›arisieren‹, sie erhielten so viele Zwangsarbeiter, wie sie wollten, und sie genossen den Schutz der Himmler unterstehenden Terror-Zentrale, des Reichssicherheitshauptamtes. Außerdem bekamen sie viele nützliche Winke und geheime Informationen, die sich für sie doppelt und dreifach bezahlt machten, als der von Hitler begonnene Zweite Weltkrieg nicht den erwarteten ›Endsieg‹ brachte und der totale Zusammenbruch von Wehrmacht, Partei und Staat sich schon abzuzeichnen begann.

Angemerkt sei hier nur, daß zwei der ›Freundeskreis‹-Mitglieder, Friedrich Flick und sein Vertrauensmann Otto Steinbrinck, schon im Frühjahr 1943, zwei Jahre vor Kriegsende, mit den Plänen der Sieger für die Aufteilung des besiegten Deutschen Reiches in Besatzungszonen vertraut waren; daß sie bereits etwa sechzehn Monate vor der bedingungslosen Kapitulation der Wehrmacht mit der ›Verlagerung‹ wichtiger oder besonders wertvoller Konzernteile von Osten nach Westen (und vor allem in die spätere amerikanische Zone, nach Bayern) begannen. Während der von Goebbels proklamierte ›totale Krieg‹ noch viele Monate andauerte und von Woche zu Woche größere Opfer an Gut und Blut forderte, packten die Herren, die an der Errichtung der Nazidiktatur und an der Vorbereitung des Raubkrieges so lebhaften und aktiven Anteil genommen hatten, schon ihre Koffer und setzten sich dann aus der in Schutt und Asche sinkenden Reichshauptstadt ab.

Machen wir jetzt einen Sprung von einigen Jahren, in die Gründerzeit der Bundesrepublik. Was Friedrich Flick und andere Geldgiganten in der Zwischenzeit machten, ist, soweit es für unsere Untersuchung von Belang ist, unter dem jeweiligen Namen im nachfolgenden *ABC des großen Geldes* beschrieben. Jedenfalls waren, als in Bonn die Weichen für die weitere Entwicklung des westdeutschen Teilstaats gestellt wurden, nahezu alle wieder zur Stelle, nicht ärmer, sondern reicher, nicht entmachtet, sondern oft noch mächtiger als zuvor. Und dem Zug der Zeit folgend, schenkten sie nun ihr Vertrauen (und ihre Spenden) in erster Linie der neuen Partei, die sich christlich, demokratisch und sozial nannte, der CDU/CSU, in zweiter Linie dem Koalitionspartner der Union, der FDP, die damals, zumal im größten Bundesland, in Nordrhein-Westfalen, gerade von ehemaliger Nazi-Prominenz zu unterwandern versucht wurde.

Mit dem ersten Bundeskanzler, dem Werhahn-Schwager und -Onkel Konrad Adenauer, der dann auch noch im ersten Jahr seiner Kanzlerschaft, als seine Lieblingstochter Libeth den Werhahn-Erbprinzen Hermann Josef heiratate, Werhahn-Schwiegervater wurde, war ein Mann nach dem Herzen aller Angehörigen der alten Geld- und Macht-Elite an die Spitze des neuen Staatswesens getreten. Adenauer war – für sie erfreulicherweise – auch der Schwager von John Jay McCloy, der damals Hoher Kommissar der USA für Deutschland wurde; McCloy hatte – wie in zweiter Ehe auch der Bundeskanzler – eine reiche Zinsser-Tochter geheiratet. So durfte man auf ein gutes Einvernehmen mit derjenigen Besatzungsmacht hoffen, der die Wiederherstellung kapitalistischer Verhältnisse im besiegten Deutschland ein besonderes Anliegen war.

Beruhigend für alle Geldgiganten war auch die Wahl, die Konrad Adenauer hinsichtlich seiner engsten Berater getroffen hatte. Der eine war Robert Pferdmenges, Teilhaber des mächtigen Privatbankhauses Sal. Oppenheim jr. & Cie in Köln, der andere Hermann Josef Abs vom Vorstand der Deutschen Bank, deren Führung er dann übernahm. Und in der ersten Bundestagsfraktion der Regierungspartei CDU/CSU saßen etliche Herren, die Garantie dafür boten, daß das

antikapitalisitsche Ahlener Programm der rheinischen CDU keinerlei praktische Bedeutung erlangen würde:
Neben dem – im Plenum äußerst schweigsamen – Bankier Pferdmenges saß Dr. Günter Henle, der Schwiegersohn und Erbe des Industrie- und Handelsmagnaten Peter Klöckner. Auch Dr. Franz Josef Wuermeling aus der Vorstandsetage der Werhahnschen Basalt AG war CDU-Abgeordneter und bald auch Minister. Fürst Joseph Ernst Fugger von Glött zu Kirchheim, Senior-Chef des Fuggerschen Gesamthauses, repräsentierte als CSU-Abgeordneter die Interessen der hocharistokratischen Großgrundbesitzer, und für den Koalitionspartner FDP war der sehr wohlhabende Weinheimer Fabrikant Richard Freudenberg in den Bundestag eingezogen. (Siehe *Freudenberg* im *ABC des großen Geldes*.)
Was für die Geldgiganten beinahe noch wichtiger war als ihre Interessenwahrung im ersten Parlament und an der Regierungsspitze: Erster Bundeswirtschaftsminister wurde Professor Dr. Ludwig Erhard, der ›Vater der Währungsreform und des Wirtschaftswunders‹. Er war für die breite Öffentlichkeit, was seine Tätigkeit im ›Dritten Reich‹ betraf, ein unbeschriebenes Blatt, für die Herren der Industrie und Bankwelt jedoch ein guter alter Bekannter. Ludwig Erhard hatte nämlich für das Präsidium der »Reichsgruppe Industrie« schon während des Zweiten Weltkriegs ›Nachkriegsplanung‹ betrieben mit dem Ziel, auch im Falle einer Niederlage den Kapitalismus, das ›freie Unternehmertum‹ und die Großvermögen zu erhalten sowie die Schuldenlast mittels einer Währungsreform den kleinen Sparern aufzubürden. Im Einvernehmen mit einigen wenigen Großindustriellen und Bankiers (Friedrich Flick, Philipp F. Reemtsma, Geheimrat Schmitz vom IG-Farben-Konzern, Fritz Jessen vom Siemens-Vorstand, Karl Goetz von der Dresdner Bank und Oswald Rösler von der Commerzbank) sowie mit Wissen und Billigung des damaligen Unterstaatssekretärs im Reichswirtschaftsministe-

rium, Otto Ohlendorf, hatte Professor Ludwig Erhard von 1944 an auch schon das Problem der Auslandsschulden nach einem *verlorenen* Krieg unter Wahrung der Interessen des Großkapitals zu lösen versucht, gemeinsam mit drei ›Herren der Wirtschaft‹, dem damaligen Auslandsabteilungsleiter der Deutsche Bank AG, Hermann Josef Abs, dem Chef der Vereinigten Aluminiumwerke, Ludger Westrick, und dem seinerzeitigen Repräsentanten der Unilever, Karl Blessing (der längst auch schon Mitglied des ›Freundeskreises des Reichsführers SS‹ geworden war).

Nun, nach Gründung der Bundesrepublik Deutschland, war Professor Erhard Adenauers Wirtschaftsminister, Abs einer der beiden Kanzler-Berater, Karl Blessing Präsident der Deutschen Bundesbank, dessen Name auf jeder der neuen DM-Banknoten prangte, und Ludger Westrick Erhards Staatssekretär – da konnte die Spitze der ehemaligen »Reichsgruppe Industrie«, an deren Stelle nun der »Bundesverband der Deutschen Industrie e.V.« (BDI) getreten war, wirklich sehr zufrieden sein.

(Übrigens, der Mitwisser Otto Ohlendorf vom Reichswirtschaftsministerium, der zugleich hoher SS-Führer gewesen war und 1941 die ›Einsatzgruppe D‹ in der Südukraine, auf der Krim und im Nordkaukasus befehligt hatte, war von einem amerikanischen Militärgericht wegen Massenmords und anderer Kriegsverbrechen zum Tode verurteilt und hingerichtet worden. Ohlensdorfs Lehrmeister beim Aufbau des SD und zeitweiser Vorgesetzter im Reichssicherheitshauptamt, SS-Brigadeführer Prof. Dr. Reinhard Höhn, konnte dagegen schon in den fünfziger Jahren die »Akademie für Führungskräfte der Wirtschaft« in Bad Harzburg gründen, die er in den folgenden Jahrzehnten leitete.)

Bei einer – vom Standpunkt der Industriemagnaten und Großbankiers aus – so glänzenden Besetzung aller Bonner Schlüsselpositionen, war es – wie die meisten fanden – eigent-

110

lich überflüssig, selbst im Bonner Parlament zu sitzen. Also zog sich beispielsweise Dr. Günter Henle, der Eigentümer des Klöckner-Konzerns aus der aktiven Politik wieder zurück. Allem guten Zureden seines Freundes Konrad Adenauer zum Trotz wollte er nicht nochmals für den Bundestag kandidieren. Er tat vielmehr das, was vor ihm und nach ihm noch viele Konzernherren und -damen machten: Er übertrug die parlamentarische Vertretung seiner Interessen einem seiner Mitarbeiter, vielleicht mit dem Hintergedanken, daß die bereits beginnende Wiederaufrüstung einen harten Konkurrenzkampf der Schwerindustrie um Rüstungsaufträge bringen wüde, bei dem ein vornehmer Mann sich besser im Hintergrund hielte.

Also zog Henles Vertreter in den zweiten Bundestag ein – natürlich ebenfalls als CDU-Kandidat und im sicheren Wahlkreis 93 (Duisburg II): der Bevollmächtigte der Klöckner-Holding und -Stammfirma Klöckner & Co, Fritz Berendsen, bis 1945 Oberst im Generalstab.

Für den ehemaligen Berufsoffizier Berendsen hätte es nach seiner Heimkehr aus der Gefangenschaft drei berufliche Möglichkeiten gegeben: Er hätte seine Kenntnisse der wiederaufblühenden Rüstungsindustrie zur Verfügung stellen oder zur jungen Bundeswehr gehen oder auch sich einer Bundestagsfraktion als Wehrexperte andienen können. Oberst a. D. Berendsen entschied sich dafür, Klöckner-Bevollmächtigter zu bleiben, CDU-Wehrexperte in Bonn zu werden und sich außerdem eine Reaktivierung bei der Bundeswehr offenzuhalten. Für einen weniger charakterfesten Mann hätten sich leicht allerlei Interessen-Kollisionen ergeben können, zumal der Oberst a. D. auch noch Mitglied des für die Erstausstattung der Bundeswehr zuständigen Unterausschusses ›Beschaffung‹ wurde; aber nicht für Fritz Berendsen!

Das zeigte sich 1957, kurz vor den nächsten Bundestagswahlen, als ein parlamentarischer Untersuchungsausschuß zu prüfen hatte, ob der Abgeordnete Berendsen (CDU) seiner (!) Firma einen großen Rüstungsauftrag zugeschanzt und zu diesem Zweck nicht nur beim Bundesverteidigungsministerium interveniert, sondern auch besagter Firma Vorausinformationen und vertrauliche Beschaffungsunterlagen gegeben hätte. Was den letzten Punkt betraf, so versagte das Erinnerungsvermögen des Klöckner-Manns. Was aber den Kern der Frage anging, so konnte er mit Recht erklären, daß »seine« Firma, das Handelshaus Klöckner & Co, nichts mit Rüstungsproduktion zu tun hätte; der Auftrag wäre ja auch gar nicht an sie gegangen, vielmehr an Klöckner-Humboldt-Deutz, ein Unternehmen, das er nur vom Hörensagen zu kennen vorgab. Auf die zaghafte Frage, ob er als Klöckner-Prokurist nichts von der engen Verflechtung der beiden Unternehmen gewußt hätte und wie es mit seinem Wissen darum nunmehr bestellt wäre, gab Berendsen laut Ausschußprotokoll zur Antwort:

»Es ist möglich, daß die eine Firma Aktien der anderen im Besitz hat...« (Angemerkt sei, daß damals wie heute die *Klöckner-Humboldt-Deutz AG* – Umsatz 1983: 4,8 Milliarden DM – mehrheitlich im Eigentum der Familie Henle war, zu 40 Prozent über die Firma Klöckner & Co.)

Man gab sich damals mit Berendsens Auskünften zufrieden, er wurde im Herbst 1957 wiedergewählt, legte aber 1959 sein Mandat nieder, ging für eine Weile als General zur Bundeswehr und kam nach Erreichung der Altersgrenze 1965 zurück ins Parlament, nun wieder mit der Berufsbezeichnung »Industriekaufmann«, woraus gefolgert werden konnte, daß er sich weiterhin (oder wieder) dem Hause Klöckner verbunden fühlte.

Der Fall Berendsen, der dann gar kein ›Fall‹ war, stellt, was die Vertretung von Industrie-, Bank- und Großgrundbesitz-Interessen im Bundestag angeht, beileibe keine Ausnahme dar. So saß – von 1957 bis 1976 – Dr. Kurt Birrenbach, Jahrgang 1907, im Bundestag als CDU-Abgeordneter, bis er sich alt genug fühlte, ins Europaparlament überzuwechseln. Dr. Birrenbach war seit 1954 – also während seiner ganzen, fast zwanzigjährigen Abgeordnetenzeit in Bonn, Generalbevollmächtiger der Thyssen-Hauptaktionärin Gräfin Anita de Zichy-Thyssen, auch Aufsichtsratsvorsitzer der Thyssen AG für Beteiligungen, der Thyssen Vermögensverwaltung GmbH und der größten Thyssen-Unternehmen, außerdem Vorsitzender des Kuratoriums der Thyssen-Stiftung, und er ist dies noch heute.

Dr. Alexander Elbrächter, Jahrgang 1908, ehedem einer der Top-Manager im Oetker-Konzern, war von 1953 an ebenfalls rund zwanzig Jahre lang CDU-Bundestagsabgeordneter, daneben ›Oetkers Mann in Bonn‹.

Als der schon erwähnte Dr. Franz Wuermeling, Vorstandsmitglied der zum Werhahn-Konzern gehörenden Basalt AG, Linz (zu deren reichsten Töchtern die STRABAG-Bau AG zählt), von Adenauer 1953 aus der CDU-Fraktion als Familienminister ins Kabinett geholt wurde, witzelte man in Bonn, welche Familie wohl so reich sei, daß sie sich ein eigenes Ministerium leisten könne. Aber es gab sogar zwei so reiche Familien, denn ebenfalls 1953 trat Dr. Robert Tillmanns, 1. stellvertretender Vorsitzender des CDU-Landesverbands Berlin und Mitglied der Synode der Evangelischen Kirche Deutschlands, als Bundesminister für besondere Aufgaben in Adenauers Kabinett ein. Seine ›besondere Aufgabe‹ war es, Verbindungsmann zwischen dem Bundeskanzler und dem aus dem Kriegsverbrechergefängnis entlassenen Konzernboss Friedrich Flick zu sein. Dr. Tillmanns, der schon 1955 starb, war der langjährige Privatsekretär Flicks in der Zeit der Weimarer Republik und der Nazi-Diktatur gewesen. Der CDU-Bundestagsabgeordnete Rembert van Delden, Mitglied einer – wie der Wirtschaftsjournalist Kurt Pritzkoleit es ausdrückte – »in dem Dreieck Gronau-Ahaus-Coesfeld nur mit Schauern der Ehrfurcht genannten« Textilfabrikanten-Sippe, die auch, neben ausgedehntem Landbesitz, Bank- und Versicherungsbeteiligungen hatte, gehörte – neben seiner Tätigkeit als Vorstandsvorsitzender der Textilfabrik Ahaus AG – von 1956 an über zwei Jahrzehnte lang dem Bonner Parlament an.

Bei der FDP gab es nicht nur den Bundestagsabgeordneten W. Alexander Menne, seit 1952 Vorstandsmitglied der Farbwerke Hoechst AG, oder Dr. Rolf Dahlgrün, von 1936 bis zu seinem Eintritt ins Kabinett (als Bundesfinanzminister) im Jahre 1962 Chefsyndikus der Phoenix-Gummiwerke AG in Harburg. Vielmehr saß in der FDP-Fraktion von 1960 bis 1972, als er zur CDU übertrat und sein Mandat niederlegte, auch ein Repräsentant des wirklich großen (und alten) Geldes: Knut v. Kühlmann, Freiherr von Stumm-Ramholz, der Familien-Chef der Stumm-Erben.

Die Reihe ließe sich beliebig fortsetzen, doch sei nur noch einer genannt: Dr. Wolfgang Pohle, der 1965 zugleich geschäftsführender Gesellschafter der Friedrich Flick KG, Schatzmeister der CSU und deren Bundestagsabgeordneter wurde. Nach Pohles Tod schien es keinen Flick-Vertreter im Bonner Parlament mehr zu geben, jedenfalls keinen, der sich als solcher offen zu erkennen gab. Aber der Nachfolger saß bereits im Bundestag: der Münchner Rechts- und Fachanwalt für Steuerfragen, Dr. Reinhold Kreile (CSU), Jahrgang 1929, MdB seit 1969, inszwischen Mitglied des Parteipräsidiums und des Vorstands der CSU, auch des Präsidiums des Wirtschaftsbeirats der Union, vielfacher Aufsichtsrat, u.a. bei der Huta-Hegerfeld AG, bei der Allgemeinen Deutschen Credit-Anstalt, der ICL Deutschland International Computers GmbH, bei der Pegulan-Werk AG und – Vorsitzender des Aufsichtsrats der Friedrich Flick Industrieverwaltung KGaA!

114

Dieser so vielseitige, hochintelligente, ungemein beschlagene und musisch veranlagte Jurist – er hat einstmals auch Musik studiert und war sogar Mitglied der Gruppe 47! – ist also, mit stets sicherem Platz auf der CSU-Landesliste, bayerischer Volksvertreter und zugleich »Flicks Mann in Bonn«.

Spätestens an dieser Stelle, wenn nicht schon früher, pflegen solche Aufzählungen kapitalistischer Interessenvertreter im Bundestag von diesen selbst oder ihren politischen Freunden mit der empörten Zwischenfrage unterbrochen zu werden, was es denn schon bedeute, wenn im Parlament, das ja unsere pluralistische Gesellschaft widerspiegeln soll, neben rund achtmal so vielen Gewerkschaftsvertretern auch drei Dutzend Repräsentanten des großen Geldes und der wichtigsten Industriekonzerne säßen?

Dieser Einwand ist natürlich berechtigt, allerdings nur, wenn man davon ausgeht, daß das Verhältnis von Milliardären zu Minderbemittelten in der bundesdeutschen Bevölkerung mit etwa 1:8 richtig wiedergegeben ist. Hält man eine solche Relation für übertrieben, weil eben doch nicht jeder achte Bundesbürger Milliardär, nicht mal hundertmillionenschwerer Großaktionär, Großgrundbesitzer, Bankier oder wenigstens Inhaber eines acht- oder mehrstelligen Bankguthabens, ja nicht mal ein ganz gewöhnlicher Millionär ist, so ließe sich dagegen noch ersatzweise anführen, daß ja die überwältigende Mehrzahl der im Bundestag sitzenden Interessenvertreter sehr großen Reichtums in den Fraktionen der Unionsparteien und ihres Koalititonspartners FDP sitzen; daß die CDU/CSU seit Bestehen der Bundesrepublik vom Wahlvolk stets reicher mit Stimmen bedacht worden ist als die anderen Parteien und daß auch die FDP, allen Unkenrufen zum Trotz, bislang noch stets die Fünf-Prozent-Hürde bei Bundestagswahlen überwinden konnte; daß folglich die Anwesenheit einiger Superreicher (oder ihrer Vertreter) im Bundestag durchaus dem Wählerwillen zu entsprechen scheine, ja daß offenbar auch viele minderbemittelte Staatsbürger ihre Stimme lieber einem Multimilliardär (oder einem Mann dessen Vertrauens) geben als einem Kandidaten ohne Konzernbesitz, ohne Schlösser, ohne ganze Landkreise umfassendes Grundeigentum, ohne Dutzende von Luxuslimousinen, Privatjets und hochseetüchtigen Motorjachten…

Da sich solche Argumentation auf Tatsachen stützen kann, die durch das amtliche Handbuch des Deutschen Bundestages belegt werden, müssen wir sie wohl akzeptieren – jedoch nicht, ohne einige Gegenfragen zu stellen:

Was veranlaßt die Industriearbeiterschaft und das Heer der kleinen Angestellten, die ja zusammen die Masse der Minderbemittelten unseres Landes bilden, ausgerechnet einen Konzernherrn, Großaktionär, Privatbankier, hocharistokratischen Latifundienbesitzer oder deren Vertrauensmann zum Vollstrecker ihres politischen Willens zu machen? Was versprechen sich Dreher, Schlosser, Schweißer, Stahlwerker, Kumpel, aber auch Verkäuferinnen, Packerinnen, Schreibkräfte und Millionen andere Habenichtse von solcher Vertretung ›ihrer‹ Interessen im Parlament? Was berechtigt die mit der Auswahl geeigneter Kandidaten betrauten Parteigremien von CDU/CSU und FDP zu der kühnen Annahme, ein Repräsentant des großen Geldes sei für Arbeiter und kleine Angestellte oder Beamte besonders attraktiv?

Die Antwort auf alle drei Fragen lautet: Absolut nichts! Und die Lösung des scheinbaren Rätsels ist ganz einfach: Es ist ja keineswegs die Industriearbeiterschaft oder das Heer der kleinen und mittleren Angestellten und Beamten, es ist im wesentlichen der Mittelstand (oder was sich dafür hält), der den Unionsparteien immer wieder zu Mehrheiten verhilft und der FDP am Ende doch noch den Einzug ins Parlament ermöglicht, wobei sich schon die meisten derer, die ein (noch nicht abbezahltes) Eigenheim, einen (fast abbezahlten) Mittelklassewagen und ein paar ›langlebige Gebrauchsgüter‹ (die meisten noch unter Eigentumsvorbehalt des Lieferanten) ihr eigen nennen, für Besitzbürger halten, deren Interessen bei Vertretern des Großkapitals besser aufgehoben sind als anderswo.

Erschwerend hinzu kommt, daß die allermeisten keine Ahnung von den Hintergründen haben, die für den Aufstieg eines Politikers, beispielsweise des jetzigen Bundeskanzlers Helmut Kohl, entscheidend waren, weil ihnen die Massenmedien jede Information darüber vorenthalten; weil allenfalls mal in Zusammenhang mit einer ›Panne‹, wie sie zur Aufdeckung, wenn auch nur eines Zipfels, der sogenannten ›Parteispendenaffäre Flick‹ geführt hat, in den Medien über das berichtet wird, was in Wahrheit in Bonn »die Richtlinien der Politik bestimmt«: das große Geld.

Zwischenbemerkung betr.
Helmut Kohls Politiker-Karriere

Erst seit 1975 ragt aus der Schar führender Unionspolitiker einer heraus, und dies nicht nur wegen seiner 1,93 Meter Länge, sondern weil er damals CDU-Parteivorsitzender und gemeinsamer Kanzlerkandidat von CDU und CSU wurde: Helmut Kohl aus Rheinland-Pfalz, wo er seit 1969 Ministerpräsident war.

Vor 1969 war Helmut Kohl außerhalb des 3,7 Millionen Einwohner zählenden Bundeslands, das er bis 1976 regiert hat, in der Öffentlichkeit so gut wie unbekannt. Wer sich über ihn informieren wollte, erfuhr aus »Wer ist wer?«:

»Kohl, Helmut, Dr. phil., kaufmännischer Angestellter, Mitglied des Landtags von Rheinland-Pfalz (seit 1959), wohnhaft in Ludwigshafen/Rh.; geboren am 3. April 1930 in Ludwigshafen; katholisch; Ausbildung: Oberrealschule Ludwigshafen/Rh., Universitäten Frankfurt/M. und Heidelberg (Rechts- und Staatswissenschaften, Geschichte), Promotion 1958. Mitbegründer (1947) und (seit 1954) stellvertretender Landesvorsitzender der Jungen Union in Rheinland-Pfalz; Kreisvorsitzender (seit 1958) der CDU in Ludwigshafen/Rh.; Mitglied des Landesvorstands der CDU in Rheinland-Pfalz; Mitglied des Stadtrats (Fraktionsvorsitz CDU) von Ludwigshafen/Rh.«

Das war alles, und man konnte daraus entnehmen, daß da offenbar eine provinzielle Parteikarriere mit Ausgangspunkt und Hausmachtzentrum im rund 180 000 Einwohner zählenden, wirtschaftlich von der BASF beherrschten und von der SPD regierten Ludwigshafen am Rhein schon 1947 von einem damals 17jährigen Oberrealschüler zielstrebig begonnen worden war, auch fortgesetzt während eines langen, erst neun Jahre nach dem Abitur beendeten Studiums, das nicht, wie ursprünglich beabsichtigt, mit dem Dr. jur. und der Großen Juristischen Staatsprüfung abgeschlossen worden war, sondern überraschenderweise mit dem Dr. phil. – aber wer fragt schon danach, ob und wann ein Politiker einen Doktorgrad erworben hat oder gar welchen? Kohls autorisierter Biograph Karl Günter Simon, der in einem 1969 erschienenen Werk mit dem Titel »Die Kronprinzen« dem späten Bundeskanzler immerhin schon ein knappes Dutzend Seiten gewidmet hat, beschrieb Helmut Kohl als kräftigen, hochgewachsenen jungen Mann aus »schwarzem Elternhaus«, der bereits als Primaner im Bundestagswahlkampf von 1949 für die CDU als Redner aufgetreten war und dann rasch Karriere machte: Mit 25 Jahren schon Mitglied des rheinland-pfälzischen CDU-Landesvorstands, mit 28 Kreisvorsitzender der Union in Ludwigshafen, mit 34 bereits im CDU-Bundesvorstand, mit 36 Landesvorsitzender seiner Partei und schließlich mit erst 39 Jahren Ministerpräsident in Mainz.

Während dieses raschen Aufstiegs blieb Kohl noch die Zeit, sich als kaufmännischer Angestellter der Miederwarenfabrik ›Felina‹ in Mannheim sowie bei der BASF etwas Geld zu verdienen und zum Abschluß seines Studiums eine Doktorarbeit über »Das Wiedererstarken der Parteien nach dem Zusammenbruch« zu schreiben.

Man darf wohl annehmen, daß die kaufmännische Anstellung mit keinem allzu großen Zeit- und Arbeitsaufwand verbunden war; Unternehmen der Wirtschaft fördern nicht nur Spitzensportler, indem sie sie auf ihre Gehaltslisten setzen und zum Training beurlauben. Auch junge Politiker werden häufig solcher Förderung für würdig befunden.

Um nur ein Beispiel zu nennen: der junge Rainer Barzel, der sechs Jahre älter als Helmut Kohl ist, von 1945 bis 1949 in Köln studierte und dann in Karl Arnold, dem damaligen CDU-Ministerpräsidenten in Düsseldorf, einen hilfreichen Gönner fand, wurde zunächst und auf einen Wink des Landeschefs hin, so lange von dem Boß eines Düsseldorfer Industrieunternehmens mit einem monatlichen Salär bedacht, bis Arnold den jungen Barzel 1955 zum jüngsten Regierungsrat der BRD machte. Der damalige Chef des Industrieunternehmens war Fritz Aurel Goergen, das Geld aber kam von Thyssen – von Goergen bei Phoenix-Rheinrohr als ›N. A.‹ (Nützliche Ausgabe) verbucht; Rainer Barzel war damals tatsächlich ein ›sozialer Fall‹ und wurde noch nicht – wie später von Flick – finanziell bedacht, damit er einem anderen, nämlich Kohl, als Kanzlerkandidat Platz machte, sondern weil sich die Beteiligten – Ministerpräsident Arnold, Thyssen-Boß Goergen und andere einflußreiche Leute – von dem aufstrebenden jungen Politiker einiges versprachen, beispielsweise einen raschen Aufstieg und spätere Dankbarkeit.

Ähnlich war es bei Helmut Kohl, der sich seinem Amtsvorgänger, Ministerpräsident Peter Altmeier, durch rastlose Tätigkeit für die rheinland-pfälzische CDU empfahl und der schon bald einen millionenschweren Gönner fand, der seine Talente zu schätzen wußte und – wie er später selbst sagte – »einen guten Riecher« für kommende Spitzenpolitiker hatte. Fast zwei Jahrzehnte lang, während aus dem Ludwigshafener JU-Führer – der damals als recht großmäulig, grob und rücksichtslos galt – ein Stadtrat, Landtagsabgeordneter, Landesvorstandsmitglied und schließlich ein rheinland-pfälzischer Ministerpräsident, CDU-Bundesvorsitzender und Kanzlerkandidat wurde, war Helmut Kohl ein häufiger Gast in der Villa seines Gönners: des Chefs und Hauptaktionärs des ›Pegulan‹-Konzerns, Dr. Fritz Ries,* der im nahen Frankenthal wohnte.

Dr. Ries war es auch, der dem jungen Nachwuchspolitiker einen Platz auf den Gehalts- und Honorarlisten der BASF verschaffte, denn mit deren Chef, dem ehemaligen Wehrwirtschaftsführer Professor Dr. Carl Wurster, war Dr. Ries gut befreundet. Sie kannten sich noch aus jenen Tagen, da Prof. Wurster dem IG Farben-Vorstand, zahlreichen Verbandspräsidien und auch dem Verwaltungsrat der Deutschen Gesellschaft für Schädlingsbekämpfung (›Degesch‹) angehört hatte, die jenes Zyklon B nach Auschwitz und in andere Vernichtungslager lieferte, womit mehrere Millionen Menschen ermordet worden waren.

Auch Dr. Ries hatte während des Zweiten Weltkriegs viel mit dem KZ Auschwitz zu tun gehabt – natürlich rein wirtschaftlich: Nachdem Dr. Ries, damals noch ohne Vermögen, gleich von der Universität aus Unternehmer und bald auch Konzernchef geworden war – er hatte von 1934 an eine jüdische Firma nach der anderen ›arisiert‹ –, war ihm von den braunen Machthabern Gelegenheit gegeben worden, sich auch im eroberten Ostraum unternehmerisch zu betätigen. Die von ihm persönlich geleitete Gummifabrik in Trzebinia beschäftigte fast ausschließlich jüdische und polnische Zwangsarbeiter. Es gab immer wieder Probleme, weil die jüdischen Männer, Frauen und Kinder, die für Dr. Ries arbeiteten, ins nahe Auschwitz ›verschickt‹ wurden und nicht zurückkamen. Deshalb entschloß sich der Ries-Konzern, einen Teil seiner Produktionsstätten direkt ins Konzentrationslager Auschwitz zu verlagern. Dort standen, wie es in einem Direktions-

---

*Sämtliche Angaben, Dr. Fritz Ries und seine Mitarbeiter betreffend, finden sich, detailliert erläutert und dokumentiert, in: Bernt Engelmann, »Großes Bundesverdienstkreuz«, Tatsachen-Roman, München, 1974; rororo-Taschenbuch Nr. 1924.

bericht hieß, «in Kürze etwa 3000 bis 5000 weibliche Arbeitskräfte zur Verfügung«, die sich – so die Überlegung der
Konzernspitze – noch kräftig ausbeuten ließen, ehe sie dann
vergast wurden.

Es ließe sich noch mancherlei über die Aktivitäten und unternehmerischen Einfälle des Dr. Ries berichten, der noch an
mehreren anderen Orten im eroberten Osten Fabriken ›übernommen‹ hatte, doch sei lediglich noch angemerkt, daß es
Dr. Ries und seinen engsten Mitarbeitern gelang, sich rechtzeitig vor dem Zusammenbruch nach Westen abzusetzen,
wobei sie einiges mitnahmen, wovon noch die Rede sein
wird.

Schon wenige Jahre nach Kriegsende hatte Dr. Fritz Ries
wieder einen neuen Konzern, die schon erwähnte Pegulan
AG in Frankenthal, deren Haupterzeugnis Bodenbeläge aus
Textil und PVC waren und sind. Das Unternehmen wurde
1948 mit einem Kapital von 1,5 Millionen DM gegründet.
Innerhalb von zwölf Jahren stieg das Pegulan-Kapital durch
immer neue Erhöhungen zunächst auf 6 Millionen DM, in
den folgenden vier Jahren schon auf 20 Millionen DM. In
dieser Zeit gab es zwischen Dr. Ries und seinem Schützling
zahlreiche Gespräche. Der junge Politiker holte sich man-
chen Rat von seinem um 23 Jahre älteren, fast väterlichen
Freund und Förderer, und Dr. Ries, der ein sehr gesprächi-
ger, sich gern seiner Erfolge rühmender Mann war, erzählte
dem begierig lauschenden Helmut Kohl, wie man aus bescheidenen Anfängen mit den ›richtigen‹ Beziehungen über
Krieg, Zusammenbruch und Währungsreform hinweg zu
Multimillionärs- und Konzernherren-Höhen aufsteigen
kann.

Natürlich präsentierte Helmut Kohl seinem Förderer
Dr. Ries auch die junge Frau, mit der er sich zu verehelichen
gedachte, und erst nachdem seine Zukünftige, Hannelore
Renner, von der Familie Ries in Augenschein genommen

worden war, traf Helmut Kohl Vorbereitungen für die Gründung eines eigenen Hausstands. Hie und da konnte Kohl, inzwischen Landtagsabgeordneter, bereits seinerseits seinem großen Förderer ein paar Gefälligkeiten erweisen. Und der reiche Industrielle steigerte sodann das Ansehen Kohls, indem er diesen mitnahm auf eine Auslandsreise, wie sie sich damals ein noch unbekannter Provinzpolitiker kaum zu erträumen wagte; Frau Hannelore Kohl durfte derweilen mit der Gattin des Industriellen Ferien im schweizerischen Zermatt machen, wo die Damen ein luxuriöses Chalet zu ihrer Verfügung hatten.

Die Traumreise, auf die Kohl von Dr. Ries mitgenommen wurde, ging nach Afrika, ins Königreich Marokko, dessen Honorarkonsul für Rheinland-Pfalz und Hessen der Konzernchef inzwischen geworden war. Dank der fürsorglichen Betreuung, die der Herrscher seinem Konsul und dessen Begleiter zuteil werden ließ, wurde dieser Marokko-Aufenthalt für Kohl zu einem unvergeßlichen Erlebnis wie aus Tausendundeiner Nacht.

Übrigens, gerade im Anschluß an diese Nordafrikareise, rügte Dr. Ries die schlechten Manieren seines Schützlings; er bedauerte, wenngleich nur im engsten Familien- und Freundeskreis das »ungehobelte Benehmen« und die »schrecklichen« Umgangsformen des jungen Provinzpolitikers.

Aber Dr. Ries nahm diese Unarten Helmut Kohls in Kauf, wohl weil er sich von ihm bald weitere und bedeutendere Gefälligkeiten erhoffte. Denn nach einer Zeit ungewöhnlichen Wachstums geriet die Pegulan AG des Dr. Ries Anfang der siebziger Jahre in eine Absatzkrise und dadurch in wirtschaftliche Schwierigkeiten. Nur durch eine Landesbürgschaft konnten die Banken dazu bewogen werden, dem Unternehmen noch einmal über die Runden zu helfen. Das Fachblatt »Wirtschaftswoche« meldete dazu am 5. März 1976:

»Tatsächlich müssen die Finanzkalamitäten bei Ries und den Pegulan-Werken noch gravierender sein, als in der Wi-Wo vom 23. Januar 1976 dargestellt. Der rheinland-pfälzische Finanzminister Johann Wilhelm Gaddum mußte dem SPD-Abgeordneten Rainer Rund auf eine Anfrage zur Pegulan-Krise denn auch eingestehen: ›Landesbürgschaften werden nur dann gewährt, wenn die Sicherheiten im Sinne der Beleihungsgrundsätze der Kreditinstitute nicht ausreichen.‹ Im Klartext heißt das: Pegulan hätte ohne die Bürgschaft des Landes keinen Kredit mehr bekommen. Ob indes diese Landeshilfe allein wegen der gefährdeten Pegulan-Arbeitsplätze zugesagt wurde oder ob CDU-Kanzlerkandidat und Rheinland-Pfalz-Chef Kohl zusätzlich ein gutes Wort für Ries einlegte, bleibt offen.«

Offen bleibt auch, ob der sowohl von der seriösen »Wirtschaftswoche« als auch vom exklusiven »Managermagazin« verbreitete angebliche Ries-Ausspruch über Kohl – »*Auch wenn ich ihn nachts um drei anrufe, muß er springen*« – korrekt wiedergegeben worden ist. Immerhin bezeichneten Ries-Tochter Monika und deren Ehemann, Rechtsanwalt Herbert Krall, dieses Zitat als »durchaus der Riesschen Auffassung von Kohl entsprechend«.

Indessen läßt sich mit Gewißheit nur sagen, daß das damals von Helmut Kohl regierte Rheinland-Pfalz den Konzern des Dr. Ries durch Übernahme von Bürgschaften in Millionenhöhe lange vor dem Zusammenbruch bewahrt hat. Dabei hat möglicherweise auch der Umstand eine Rolle gespielt, daß dem Ries-Konzern schon in den Jahren zuvor bedeutende Landesmittel zuteil geworden waren, deren Gesamthöhe von Fachleuten auf mindestens 20 Millionen DM veranschlagt wurde.

Wie war es zu diesem starken Engagement des Landes Rheinland-Pfalz gekommen? Nun, zunächst sei daran erinnert, daß Dr. Ries, als der Krieg 1945 zu Ende war, einiges aus dem

›Ostland‹ mitgebracht hatte. In einem Lebenslauf, den er später, am 28. November 1950, zwecks Darlegung seiner unternehmerischen Weitsicht für einen Kreditgeber abfaßte, schilderte er selbst seine Lage gegen und kurz nach Kriegsende folgendermaßen:

»1944 gründete ich die Gummiwerke Hoya GmbH. Mit dieser Gründung wollte ich lediglich einen Teil der Maschinen aus den mir gefährdet erscheinenden östlichen Gebieten retten. Tatsächlich waren bei Kriegsende in Hoya neue Maschinen für etwa 1,5 Millionen RM gelagert…Weiterhin standen mir bei Beendigung des Krieges einige hunderttausend Meter Stoff zur Verfügung.«

Unerwähnt blieb in diesem Lebenslauf, daß Dr. Ries 1944/45 aus den ihm ›gefährdet erscheinenden östlichen Gebieten‹ auch kofferweise Bargeld und Gold in den Westen transportiert hatte. Mit dem immer wertloser werdenden Bargeld kaufte er 1945 auf der am weitesten westlich gelegenen deutschen Nordseeinsel Borkum ›Köhlers Strandhotel‹, das größte Haus am Platze. Was aber der Besitz von ›einigen hunderttausend Metern Stoff‹ in der Notzeit 1945/47 bedeutet hat, läßt sich heute gar nicht mehr ermessen!

Jedenfalls darf man sagen, daß Dr. Ries das ›Dritte Reich‹ und den Zweiten Weltkrieg glänzend überstanden hatte, wenn auch wohl nur er selbst sein unternehmerisches Genie für die Ursache hielt. Dagegen muß man einräumen, daß nach 1945, als es weder etwas zu ›arisieren‹ noch Großnebenstellen in Vernichtungslagern einzurichten gab, seine weitere unternehmerische Tätigkeit wirklich einige fast geniale Züge hatte. Er verschaffte sich nämlich zunächst die Anerkennung als – Vertriebener! Alsdann machte er seine angeblichen ›Vertreibungsschäden‹ geltend. Am 10. Oktober 1953 bescheinigte ihm das Ausgleichsamt bei der Stadtverwaltung Frankenthal – 16/M/Ke – zur Unterstützung seines Antrags auf Gewährung eines Darlehens von 125 000 DM aus Landesmitteln,

»daß der Antragsteller…die Feststellung der folgenden Vertreibungsschäden beantragt hat: 1. Geschäftsanteil an der ›Oberschlesischen Gummiwerke GmbH‹, Trzebinia, über 1 445 000 RM; 2. Geschäftsanteil an der ›Gummiwerke Wartheland AG‹, Litzmannstadt, über 500 000 RM; Verlust eines Einfamilienhauses in Trzebinia mit 10 Zimmern… Weiter wird bestätigt, daß die Angaben des Antragstellers in dem Feststellungsantrag hinreichend dargetan sind.«

Und so, wie in diesem einen Fall, ging es dutzendfach weiter: An jeder Finanzierungsquelle, die die öffentliche Hand einem tüchtigen, wenngleich völlig verarmten Vertriebenen mit Millionenverlusten im Osten sprudeln ließ, wenn er versprach, ein neues Unternehmen zu gründen und Arbeitsplätze zu schaffen, labte sich der – politisch als bloßer Mitläufer der Nazipartei glücklicherweise völlig unbelastete – Dr. Ries, und ganz nebenbei schuf er sich jene nützlichen Verbindungen zu den über die Verteilung von Darlehen, Krediten, Steuervergünstigungen und Landesbürgschaften mitentscheidenden Politikern.

Was machte es schon, daß er, ein gebürtiger Saarbrückener, im Grunde gar kein ›Vertriebener‹ war, vielmehr ein noch rechtzeitig wieder aus dem Osten entschwundener Beutemacher, der sich Fabrik und Villa – um seinen eigenen Lieblingsausdruck zu benutzen – »unter den Nagel gerissen« hatte, zudem alles, was in seinem östlichen Beutereich nicht niet- und nagelfest war, mitgenommen, kurz: überhaupt keinen Schaden erlitten, sondern millionenfachen Gewinn gemacht hatte!

Als sich auch bei den Ämtern Zweifel regten, berichtete der damalige Generalbevollmächtigte des Dr. Ries seinem Mandanten mit Schreiben vom 22. Oktober 1953:

»Zuerst verlief die Verhandlung (mit dem Landesausgleichsamt Koblenz) ganz nach Wunsch. Herr Ministerialrat Dr. Giesen war schon bereit, den Vertreibungsschaden in Gesamt-

höhe von 2 Millionen DM als Sicherheit… anzunehmen…
In diesem Augenblick wurde zur Unterschrift ein Entwurf
des Herrn v. Bünau hereingegeben. Dieser Entwurf enthielt
die schwersten Vorwürfe gegen das hiesige Ausgleichsamt,
weil der verantwortliche Sachbearbeiter seine Pflicht verletzt
habe hinsichtlich einer Prüfung, ob Herr Dr. Ries nicht als
Nutznießer der nationalsozialistischen Gewaltherrschaft zu
betrachten sei…« Doch wie dem Schreiben weiter zu entnehmen war, lehnte der Ministerialrat Dr. Giesen es ab, den für
Dr. Ries so ungünstigen Entwurf zu unterschreiben – mit der
Begründung, daß damit nur das örtliche Ausgleichsamt
»Herrn Dr. Ries in die Arme getrieben« würde.
Lassen wir es dahingestellt, wer am Ende wen Herrn Dr. Ries
in die Arme trieb und seine immer neuen Forderungen an die
Staatskasse befriedigte. Fest steht, daß das vom Ries-Geför-
derten Helmut Kohl von 1969 bis 1976 regierte Bundesland
Rheinland-Pfalz ziemlich häufig und immer tiefer für Dr. Ries
und dessen ›Pegulan‹-Konzern in die Tasche hat greifen müssen, zuletzt, wie schon kurz erwähnt, Anfang 1976.
Sicherlich haben dabei die Beamten, die die Entscheidungen
zu treffen hatten, stets nur das getan, was sie für ihre Pflicht
hielten (oder auf Weisung von oben dafür zu halten hatten);
man darf auch nicht annehmen, sie hätten sich etwa davon
beeinflussen lassen, daß in der Frankenthaler Villa des ›Pegulan‹-Chefs Dr. Ries ihr oberster Dienstherr, Ministerpräsident Dr. Helmut Kohl, beinahe als ›Sohn des Hauses‹ angese-
hen wurde, ja daß die Ries-Residenzen – der in Rheinland-
Pfalz so geldbedürftige Konzernchef hatte in der Steiermark
ein riesiges Besitztum nebst dem Schloß Pichlarn für etliche
Millionen hinzugekauft – zu politischen Zentren geworden
waren, wo Spitzenpolitiker und Wirtschaftsführer ein und
aus gingen.
Da war, um mit einem besonders wichtigen Mann der Wirtschaft zu beginnen, Friedrich Flicks damaliger Vertrauens-

mann und Personalchef bei der Daimler-Benz AG, Dr. Hanns Martin Schleyer, der wenig später Arbeitgeberpräsident und schließlich auch noch BDI-Präsident wurde, ehe er 1977 entführt und ermordet wurde. Dr. Schleyer – es sei hier nur kurz angemerkt – war ein alter Jugendfreund von Dr. Ries; sie hatten zusammen in Heidelberg studiert. Schleyer war dann SS-Führer geworden, 1938 auch Leiter des Präsidialbüros im Zentralverband der Industrie für das ›Protektorat Böhmen und Mähren‹ in Prag. Nach dem Krieg hatten die Alliierten ihn zunächst eingesperrt, was sich für Dr. Schleyer aber insofern günstig ausgewirkt hatte, als er schon während seiner Haft von Mitgefangenen, einflußreichen Flick-Mitarbeitern, für künftige Führungsaufgaben bei Flick vorgesehen worden war. Als Konzernchef Friedrich Flick nach fünfjähriger Kriegsverbrecherhaft im Herbst 1950 wieder das Kommando über sein neues Wirtschaftsimperium übernommen hatte, konnte Dr. Schleyer bei Daimler-Benz eintreten und binnen weniger Jahre in die Vorstandsetage aufsteigen. Als alter Freund des ›Pegulan‹-Chefs Dr. Ries war Dr. Schleyer dann stellvertretender Aufsichtsratsvorsitzer des ›Pegulan‹-Konzerns geworden und als solcher natürlich häufig zu Gast in Frankenthal…

Ebenso gehörten zu den engeren Freunden des Konsuls Dr. Fritz Ries der frühere Bundesverteidigungsminister, seit 1966 wieder als Finanzminister in Bonn amtierende spätere bayerische Ministerpräsident und CSU-Vorsitzende Franz Josef Strauß und dessen Frau Marianne geborene Zwicknagl. Minister Strauß zu Gefallen brachte dessen Duzfreund Fritz Ries sogar den Dr. Taubert im ›Pegulan‹-Konzern unter.

Wie schon erwähnt, war der ehemalige Chefreferent des Nazi-Propagandaministers Dr. Goebbels, Dr. Eberhard Taubert, in Bonn als Strauß-Berater für ›psychologische Kriegsführung‹ nicht mehr ›tragbar‹ gewesen; nun war er Leiter der ›Pegulan‹-Rechtsabteilung und des Persönlichen Büros von

Konsul Dr. Ries in Frankenthal, und die Ehefrau seines früheren Chefs, Frau Marianne Strauß, war von Dr. Ries freundlicherweise an den zum Rieskonzern gehörenden ›Pegulan‹-Tochterfirmen *Roplasta International Dyna-Plastik-Werk Inh. Dr. Fritz Ries KG* in Bergisch Gladbach sowie auch an der *Pegulan-Teppichboden GmbH* in Otterberg mit je etwa 10 Prozent beteiligt worden. Diese Beteiligung im Wert von fast einer Million DM brauchte von Frau Strauß aber nicht einbezahlt zu werden, sollte sich vielmehr – so die Eintragung – »aus den Gewinnen auffüllen«, war also praktisch ein nobles Geschenk, das den hohen Grad der Freundschaft, die Konsul Dr. Ries für Familie Strauß empfand, erkennen läßt...

Als 1967 – Ries-Schützling Helmut Kohl war noch nicht rheinland-pfälzischer Ministerpräsident, sondern erst CDU-Fraktionsvorsitzender in Mainz – Konsul Dr. Fritz Ries mit dem Großen Bundesverdienstkreuz ausgezeichnet wurde, und zwar »für seine große unternehmerische Gesamtleistung«, also die in Trzebinia und Auschwitz mit eingeschlossen, zeigte sich der Konzernchef den zur Feierstunde Versammelten mit Frau Marianne Strauß zur Rechten, Kohl und Strauß zur Linken, und gemeinsam sangen sie dann die Nationalhymne. (Siehe umseitiges Foto.)

Als zwei Jahre später, nach den Bundestagswahlen vom Herbst 1969, die CDU in Bonn nicht mehr den Kanzler stellen konnte, weil die SPD unter Führung von Willy Brandt mit der FDP eine Koalition eingegangen war, entfalteten Konsul Dr. Ries und seine engsten Freunde in Politik und Wirtschaft eine rege Aktivität, um die Unionsparteien wieder an die Macht zu bringen, koste es, was es wolle.

Auf seinem steiermärkischen Besitztum Schloß Pichlarn arrangierte Dr. Ries Begegnungen führender CDU/CSU-Politiker und mächtiger Wirtschaftsbosse mit FDP-Bundestagsabgeordneten. Auf der Gästeliste der ersten dieser Begegnun-

Traut vereint, politisch wie privat und geschäftlich: Ries-Partnerin Marianne
Strauß, Konsul Ries, Ries-Schützling Helmut Kohl, Ries-Intimus F. J. Strauß.
(Foto: Karl Heinz Abel)

gen standen der damalige ›Degussa‹-Generaldirektor Dr. Fe-
lix Prentzel (Vertrauensmann von Henkel), Dr. Hanns Martin Schleyer vom Daimler-Benz-Vorstand (Vertrauensmann
von Flick) und Rudolf Tesmann, seit 1948 in leitender Stellung beim FDP-Hauptfinanzier Helmut Horten, zuvor bis
1945 SS-Obersturmbannführer und Verbindungsmann zur
Parteikanzlei (Reichsleiter Bormann); von seiten der CSU
waren deren Vorsitzender Franz Josef Strauß und der Frak-
tionsvorsitzende im Bundestag, Dr. Richard Stücklen, beide
mit ihren Ehefrauen, sowie Dr. Fritz Zimmermann, MdB,
anwesend, von der CDU nur deren hessischer Vorsitzender
Dr. Alfred Dregger mit Frau, von der FDP der Bundestagsabgeordnete Siegfried Zoglmann, der kurz darauf aus der
FDP austrat und unter Mitnahme seines Mandats zur CSU
überging, was die ohnehin knappe Mehrheit der Regierung
Brandt-Scheel weiter schrumpfen ließ.

Mit viel Beredsamkeit, verlockenden Angeboten und unter-
stützt von den Massenblättern des Springer-Konzerns, dessen damaliger Generalbevollmächtigter (seit 1971) Eberhard
v. Brauchitsch engen Kontakt zu den Arrangeuren von
Schloß Pichlarn hielt, wurden bis zum April 1972 so viele
Bundestagsabgeordnete der Regierungskoalition dazu bewogen, das Lager zu wechseln, daß die CDU/CSU den Versuch
wagen konnte, Kanzler Willy Brandt durch ein konstruktives
Mißtrauensvotum im Bundestag zu stürzen. Als Gegenkan-
didat trat siegesgewiß der erst im Jahr zuvor zum CDU-
Vorsitzenden gekürte Fraktionsführer Dr. Rainer Barzel an.
Doch der Kanzlersturz mißlang – es fehlten Barzel am Ende
doch zwei Stimmen!
Konsul Dr. Ries, sein Schützling Helmut Kohl und des Kon-
suls enge Freunde stellten nach dieser Enttäuschung neue
Überlegungen an und konzentrierten sich ganz auf die Vorbereitung des Wahlkampfs, denn im Herbst 1972 sollten vorge-
zogene Neuwahlen zum Bundestag stattfinden.
Mit einem Propagandaaufwand ohnegleichen – geschätzte
Gesamtkosten: mindestens 165 Millionen DM – griffen in
diesen Wahlkampf dann ›Hilfstruppen der Union‹ ein, die mit
Postwurfsendungen und bundesweit gestreuten Anzeigen in
Zeitungen und Zeitschriften in ungewöhnlich aggressiver und
demagogischer Weise gegen die sozial-liberale Koalition und
besonders gegen Willy Brandt vom Leder zogen. Verantwortlich dafür zeichneten dafür allerlei »Wählerinitiativen«
wie »Arbeitskreis soziale Marktwirtschaft«, »Steuernotge-
meinschaft« oder »Initiative mündiger Bürger«. Dreierlei
hatten sie alle gemeinsam: Postfachadressen, gut aufgefüllte
Bankkonten und die Sorge um ihre Anonymität.
Konsul Dr. Fritz Ries war zwar beileibe nicht der einzige
Konzernboss, der diese anonymen Initiativen finanziell aus-
stattete; die Liste der heimlichen Geldgeber stimmt vielmehr
weitgehend mit unserem *ABC des großen Geldes* überein,

wobei sich – neben den Zeitungskonzernen Springer, Bauer und Burda, den Konzernriesen Flick, Henkel und Siemens sowie dem Kaufhauskönig Horten – vor allem die Markenartikelhersteller hervortaten, neben Oetker und Bahlsen besonders die bislang noch nicht genannten Eigentümer der Firmen »Melitta« und »Eckes«, Horst Bentz und Ludwig Eckes.

Aber Konsul Dr. Fritz Ries steuerte im Einvernehmen mit seinen engsten politischen Freunden noch etwas ganz Spezielles bei: das demagogische Talent seines Büroleiters, des einstigen Goebbels-Chefpropagandisten Dr. Eberhard Taubert. Dieser frühere Referatsleiter für »Aktivpropaganda gegen die Juden« und Autor des wüst-antisemitischen Hetzfilms »Der ewige Jude« durfte nun in Zeitungsanzeigen und auf Flugblättern gegen Willy Brandt Stimmung machen. Sein Glanzstück war eine ganzseitige, in überregionalen Blättern des Springer-Konzerns geschaltete Anzeige, die den Lesern suggerieren sollte, eine von Brandt geführte Regierung sei nicht in der Lage, »Sicherheit auch für unsere jüdischen Mitbürger« zu gewährleisten!

Neben Dr. Taubert, dem einstigen Goebbelsmann, der auch Richter am 1. Senat des berüchtigten Volksgerichtshofs gewesen war, hatten die heimlichen Geldgeber noch zahlreiche weitere Altnazis Pamphlete gegen ›die Roten‹ schreiben und mit enormem Finanzaufwand verbreiten lassen, fast ausnahmslos Freunde und ehemalige Mitarbeiter des Dr. Taubert.

Zu diesen kam noch einer, der ganz besonders rührig die anonyme Hetze betrieb: Der ehemalige CDU-Bundestagsabgeordnete Artur Missbach, auch langjähriger Herausgeber der »Vertraulichen Mitteilungen aus Politik und Wirtschaft«. Mit dem Bundesadler im Briefkopf hatte Missbach, bis 1969 CDU-MdB, auf amtlichem Papier des Bundestags Werbebriefe für die Investment-Schwindelfirma IOS verschickt, deren Zertifikate er darin als »die derzeit beste und sicherste

Anlage mit der höchsten Rendite« anpries. Zugleich hatte der Mandatsträger – allerdings unter dem steuersparenden Pseudonym ›Sebastian Bach‹ – für mindestens 3 Millionen Dollar IOS-Anteile an bundesdeutsche Sparer verkauft, die ihre wertlos gewordenen Papiere später ebenso verfluchten, wie jenen ›Sebastian Bach‹, der sie ihnen aufgeschwatzt und seinen Wohnsitz inzwischen in die Schweiz verlegt hatte, weil ihm der Boden hierzulande zu heiß geworden war, nachdem ihn auch die Steuerfahndung erwischt hatte. Dieser clevere Geschäftsmann Artur Missbach, der im Herbst 1972 für die Unionsparteien ebenso eifrig wie anonym die Trommel rührte, leitete damals noch die ›Außenstelle Nord‹ der »Studiengesellschaft für staatspolitische Öffentlichkeitsarbeit«, einer Spendensammel- und Geldwaschanlage in Hoya an der Weser, einem Städtchen, das 22 Jahre zuvor von Konsul Dr. Ries zum Hauptsammellager seiner aus Polen in den Westen geretteten Beute erkoren worden war. Ebenfalls nach Hoya gerettet hatte sich 1945 der ›Alte Kämpfer‹ der Nazipartei, Artur Missbach, ehedem ›stellvertretender Betriebsführer‹ und Direktor des Ries-Unternehmens in Trzebinia und Auschwitz...

Die bis ins Groteske und Makabre übersteigerten Propagandaanstrengungen der Unionshelfer im Wahlkampf des Herbstes 1972, zumal die der Ries-Mitarbeiter Missbach und Dr. Taubert, bewirkten indessen das genaue Gegenteil dessen, was sie hatten erreichen sollen: Willy Brandt und sein Kabinett gingen aus den Bundestagswahlen gestärkt hervor; die allgemeine Empörung über die vom großen Geld finanzierte Propagandaflut hatte sich zugunsten der mit Diffamierungen überschütteten Sozial-Liberalen ausgewirkt.

Besonders groß war die Enttäuschung von Dr. Ries und seinen Freunden, die nun alle Schuld an der Niederlage der Union deren Kanzlerkandidaten, dem Partei- und Fraktionsvorsitzenden Dr. Rainer Candidus Barzel, gaben. »Der ölige

Barzel«, so damals Dr. Ries am Stammtisch im Frankenthaler
»Kurfürsten«, »muß ausgewechselt werden! Mein Riecher
sagt mir, daß jetzt mein Freund Kohl ins Feld geschickt
werden muß. Der macht das Rennen!«
Indessen befanden die mächtigen Freunde des Konsuls
Dr. Ries, zumal Dr. Hanns Martin Schleyer und Eberhard
v. Brauchitsch, daß es dem ›Schwarzen Riesen‹ aus Rheinland-Pfalz zwar nicht an scheinbar biederer Provinzialität
und der Fähigkeit mangele, den Leuten nach dem Munde zu
reden und dabei ›staatsmännisch‹ zu wirken; daß Helmut
Kohl aber weder die erforderlichen Führungsqualitäten für
das Kanzleramt habe »noch die nötige intellektuelle Potenz«
(so Dr. Schleyer). Zumindest müßte man Helmut Kohl je-
manden an die Seite stellen, der imstande wäre, diese Mängel
des Pfälzers auszugleichen. Im Kreis der Konzernherren
brachte Dr. Konrad Henkel seinen eigenen »besten Mann«
ins Gespräch: Professor Dr. Kurt Biedenkopf.
Biedenkopf, wie Helmut Kohl Jahrgang 1930 und ebenfalls in
Ludwigshafen geboren und aufgewachsen, wo er sogar mit
Kohl dieselbe Volksschule besucht hatte, war der Sohn eines
›Wehrwirtschaftsführers‹ im Flick-Konzern der Vorkriegs-
und Kriegszeit. Er hatte nach dem Abitur, im Gegensatz zu
Kohl, rasch, viel und erfolgreich studiert und eine anfänglich
rein wissenschaftliche Laufbahn eingeschlagen, war 1967
jüngster Rektor der Bundesrepublik an der Ruhruniversität
Bochum geworden und hatte sich in den folgenden Jahren
wirtschafts- und gesellschaftspolitisch zu profilieren begonnen.
»In seinem Bekenntnis zu einer funktionsfähigen Marktwirtschaft mit Wettbewerb und Privateigentum läßt er sich von
niemandem übertreffen«, schrieb damals »Der Spiegel« über
Professor Biedenkopf. 1968 wurde er von Kanzler Kiesinger
(CDU) an die Spitze der Kommission berufen, die die Frage
erweiterter betrieblicher Mitbestimmung der Arbeitnehmer

prüfen sollte. Die ›Biedenkopf-Kommission‹, wie sie genannt wurde, empfahl dringend, die Mitbestimmung nicht zu erweitern. »Seither gilt Biedenkopf« – so damals »Der Spiegel« – »den Gewerkschaften, aber auch den parteieigenen CDU-Sozialausschüssen, als überzeugter Unternehmerfreund, der jede Demokratisierung der Wirtschaft zu bekämpfen suche.« Umgekehrt fand damals die Arbeitgeberseite, an der Spitze Präsident Dr. Schleyer, Biedenkopfs Gutachten »prächtig«. Die Henkel-Gruppe hatte dem Professor dann ein glänzendes Angebot gemacht, das ihn veranlaßte, seine wissenschaftliche Laufbahn aufzugeben. Anfang 1971 war er Geschäftsführer der Henkel GmbH geworden, aber nun, nach der CDU/CSU-Niederlage vom Spätherbst 1972, begannen sich die Herren des großen Geldes für des Professors politische Einsatzmöglichkeiten zu interessieren, was durchaus dessen Ambitionen entsprach. Konrad Henkel erklärte sich bereit, um der guten Sache willen ›seinen‹ Biedenkopf vom Kommando über das Waschmittel-Imperium zu beurlauben. Aber zunächst galt es herauszufinden, ob Kohl bereit wäre, mit Biedenkopf (und dieser mit Kohl) ein enges Bündnis einzugehen. Arbeitgeber-Präsident Dr. Schleyer sprach mit seinem Freund Dr. Ries, dieser mit seinem Schützling Kohl, der sehr erfreut war, daß das Projekt seiner künftigen Kanzlerkandidatur bereits von den Konzernbossen gebilligt und ernsthaft in Angriff genommen wurde, und er erklärte sich sofort bereit, mit Professor Biedenkopf zu kooperieren.
Als nächstes erhielt Kurt Biedenkopf, damals noch verheiratet mit Frau Sabine geborener Wäntig, eine Einladung zum nächsten Wirtschaftsführer- und Politiker-Treff auf dem Ries-Schloß Pichlarn. Dort wurde der Professor von allen wichtigen Leuten, natürlich auch von Ries-Intimus Franz Josef Strauß, genauestens examiniert. Das Ergebnis war, daß die großen Wirtschaftsbosse fortan ihre politischen Hoffnungen ganz auf – so Dr. Hanns Martin Schleyer – »das Tandem

Kohl-Biedenkopf« setzten, das bei den nächsten Wahlen im Herbst 1976 für sie und die Union das Rennen machen sollte. Dabei war für Kohl, von dessen Planungs- und Führungsfähigkeiten niemand so recht überzeugt war (und ist), die Rolle des sich abstrampelnden Lieferanten der Antriebskraft vorgesehen, für den ebenso unternehmerfreundlichen wie intelligenten und energischen Professor hingegen die Rolle des Strategen, Vordenkers und Steuermanns.

Bei seinen bald recht häufigen und ausgedehnten Besuchen, erst auf Schloß Pichlarn, dann auch in Frankenthal, lernte Professor Biedenkopf die Ries-Tochter Ingrid Kuhbier kennen und, von Vater Ries wohlwollend gefördert, auch immer mehr schätzen. Es dauerte indessen noch bis 1980, und Dr. Ries weilte dann schon nicht mehr unter den Lebenden, bis die Beziehungen des 1973 auf Drängen der Industriebosse hin zum CDU-Generalsekretär berufenen Professors zur Ries-Tochter Ingrid auch standesamtlich beurkundet wurden. Beide, inzwischen von ihren früheren Ehepartnern geschieden, waren nun ein Ehepaar, und das Schöne daran für den ›Pegulan‹-Konzern-Chef: Er hatte nun zwei Gesellschafterinnen mit Gatten in politischen Führungspositionen bei CDU und CSU: Ingrid Biedenkopf und Marianne Strauß, dazu den pfälzischen Landesvater und künftigen Kanzlerkandidaten Helmut Kohl als zuverlässigen, immer hilfsbereiten Gönner. Schon war Kurt Biedenkopf als neuer Generalsekretär ins Bonner Adenauer-Haus eingezogen, Helmut Kohl in Mainz längst bereit, in Bonn CDU-Vorsitzender und Kanzlerkandidat zu werden, und Franz Josef Strauß in München hatte knurrend («Mir ist's wurscht, wer unter mir Kanzler wird!«) sein Plazet zum Start des »Tandems Kohl-Biedenkopf« gegeben, da stellte sich heraus, daß man die Rechnung ohne den Barzel gemacht hatte: Der war nicht bereit, sich als CDU-Vorsitzender und Kanzlerkandidat einfach abwählen zu lassen, und drohte – so »Der Spiegel« – »mit Liebesentzug«, im

Klartext: In der Gewißheit, als Fraktionsvorsitzender im Bundestag – damals – unentbehrlich zu sein (Barzel: »Wen gibt's da sonst schon?«), kündigte er seinen Rücktritt, auch vom Fraktionsvorsitz an, falls man ihn als Parteivorsitzenden nicht wiederwählen und auch erneut zum Kanzlerkandidaten der Union proklamieren würde. Barzels Drohung zeigte erhebliche Wirkung, und nun war guter Rat wirklich sehr teuer.

Zunächst begann, was in den geheimen, erst im Zuge der aufgedeckten Parteispendenaffäre von der Staatsanwaltschaft beschlagnahmten und dann öffentlich bekanntgewordenen Aufzeichnungen des Axel Springer-, dann wieder Flick-Bevollmächtigten Eberhard v. Brauchitsch als »konzertierte Aktion« bezeichnet wird: An der CDU-Spitze wurden Biedenkopf, Kohl und der rheinische CDU-Vorsitzende Heinrich Köppler aktiv, auf Unternehmerseite Schleyer, v. Brauchitsch, dann auch Guido Sandler, die rechte Hand von Konzernchef Oetker, endlich auch Konrad Henkel. Das Ergebnis war, daß Rainer Barzel ein ›weicher Fall‹ offeriert werden konnte: Zu seinen regulären Bezügen sollten jährlich weitere 250 000 bis 300 000 DM Honorare kommen, die ihm ein Freund, der Frankfurter Rechtsanwalt Dr. Paul, zukommen lassen würde. Der Anwalt bekäme seinerseits das Geld von »Industriemandanten«...

Erich Böhme schrieb dazu im »Spiegel« unter der Überschrift »wg. Dr. Kohl«:

»Rainer Candidus Barzel, der gescheiterte Kanzleraspirant des Jahres 1972, dessen salbungsvolle Tiraden die Deutschen Anfang der 70er überreichlich genervt hatten und den die Union schließlich aus Fraktions- und Parteivorsitz hebelte, wäre nie zum ›sozialen Fall‹ geworden. Trotz einschlägiger Sorgen, die der damalige Kohl-Intimus Kurt Biedenkopf dem Barzel-Nachfolger Kohl aktenkundig machte – Durchschlag an das Haus Flick, versteht sich...

Das Haus Flick zahlte, Barzel kassierte (mit zusätzlichen

finanziellen Garnierungen der Chase Manhattan Bank und des Hauses Oetker), der erfolglose CDU-Chef räumte ohne Gezeter das Feld... Das Flick-Kürzel ›wg. Dr. Barzel‹ hatte seinen Zweck erfüllt: wg. Dr. Kohl, ... dessen Chefstuhl mit eintausendsiebenhundert Flick-Tausendern freigefächelt worden war...«

Zwei der Initiatoren der ›konzertierten Aktion‹, die uns den Kandidaten und schließlich den Kanzler Kohl bescherte, Konsul Dr. Ries und sein Freund Dr. Hanns Martin Schleyer, lebten schon nicht mehr, da flossen immer noch die Geldströme aus dem Hause Flick, aber auch aus den Tresoren anderer Konzerne, und die Empfänger hießen keineswegs alle ›wg. Barzel‹, die ganze Bonner Führungsriege stand, mit wenigen Ausnahmen, auf den Soldlisten der Industrie.

Allein das Haus Flick buchte zwischen 1974 und 1980 elf Zahlungen mit dem Vermerk »wg. Kohl«, zusammen 515 000 DM. Franz Josef Strauß (Kürzel: »wg. F. J. S.«) wurde bei Flick wesentlich höher notiert: vom 21. 4. 1975 bis zum 24. 10. 1979 mit zusammen 950 000 DM, bei denen sich Dr. Friedrich Karl Flick persönlich als Wohltäter der CSU festhalten ließ; weitere Beträge in einer Gesamthöhe von 1 367 310,43 DM gingen – jeweils mit dem Kürzel ›wg. F. J. S.‹ versehen – an andere Empfänger, beispielsweise Charterfluggesellschaften.

Längst war »das Projekt«, wie der Konsul Dr. Fritz Ries in seinen letzten Lebensjahren die Bugsierung seines Schützlings Helmut Kohl ins Bundeskanzleramt zu nennen pflegte, eine Angelegenheit des Großkapitals geworden. Nicht mehr »Pegulan« in Frankenthal/Pfalz (heute mehrheitlich im Eigentum des BAT-Zigarettenkonzerns und – nach Auskunft des Testamentsvollstreckers – ohne Beteiligung der Ries-Erben und -Freunde; Umsatz 1983: knapp 1 Milliarde DM), sondern vornehmlich die Flick-Industrieverwaltung in Düsseldorf zog nun die Drähte.

Gleichzeitig ging es dem Flick-Management um ein »Milliardending«: die Nichtversteuerung des Erlöses aus dem Verkauf der Daimler-Benz-Aktienmehrheit in zwei Zügen, wobei beim ersten Zug, der Überlassung von Daimler-Anteilen im Wert von fast 2 Milliarden DM an die Deutsche Bank AG, rund die Hälfte an das Finanzamt hätte abgeführt werden müssen, und beim zweiten Zug, dem Verkauf von rund 14 Prozent des Daimler-Aktienkapitals an den Ölprinzen von Kuwait, wären nochmals rund 750 Millionen DM an Steuern fällig gewesen. Die Steuerbefreiung, die nur die Bundesregierung bewilligen konnte und dann ja auch tatsächlich bewilligte, war zum wichtigsten Ziel der Flick-Gruppe geworden. Von dem gesparten Milliardenbetrag konnte sich Flick nicht nur die Drittelbeteiligung an dem florierenden amerikanischen Konzernriesen Grace kaufen sowie alles, was Dr. Friedrich Karl Flick, der Alleininhaber, für sein recht aufwendiges Leben braucht, sondern auch die Gunst der entscheidenden Politiker.

Das Nachsehen hatte, wie stets, die Allgemeinheit. Selbst wenn, wie die unternehmerfreundlichen Wirtschaftsblätter meinen, Flick ›nur‹ rund 750 Millionen DM zuwenig an das Finanzamt abgeführt haben sollte: Das wären für die damals rund 2 Millionen Sozialhilfeempfänger der Bundesrepublik je Mann, Frau oder Kind immerhin 325 DM gewesen.

Aber für Flick gab es nur einen ›Sozialfall‹ zu lindern: den des gestürzten CDU-Parteivorsitzenden Dr. Barzel, dessen Schmerz, mit nur noch den kargen Bezügen eines Bundestagspräsidenten auskommen zu müssen, mit 1,7 Flick-Millionen zu betäuben war.

Seit diese und etliche andere Affären bekanntgeworden sind, ist der Name Flick – so «Der Spiegel» im Herbst 1984 – »zum Symbol für die Bestechlichkeit der Politik durchs große Geld« geworden und als solcher in aller Munde.

Aber noch immer weiß die Öffentlichkeit wenig oder nichts

darüber, wie Flick eigentlich zu diesem großen Geld gekommen ist, ja hat keine rechte Vorstellung davon, was alles zum Flick-Konzern gehört und welches Ausmaß Flicks weltweit angelegtes Vermögen eigentlich hat.

Wer ist Flick?

Wenn von einem alten Familienunternehmen die Rede ist, denkt man unwillkürlich an einen mittleren Betrieb, der vom Vater auf den Sohn durch mehrere Generationen vererbt worden ist, sich dabei kräftig entwickelt und dem Konzentrationsprozeß in der Wirtschaft bislang erfolgreich Widerstand geleistet hat. Und man glaubt der Eigentümerfamilie, wenn sie einem versichert, aufs engste mit ihrem Unternehmen verbunden zu sein, in das sie ihr ganzes Vermögen, aber auch die Arbeitskraft aller dafür tauglichen Mitlieder seit eh und je investiert habe. Bei dem Familienunternehmen Flick kann von alledem nicht die Rede sein. Es gibt kein Werk, das von einem Flick gegründet worden wäre, auch keins, das den Namen der Familie trägt, ja im ganzen Konzern kein einziges Unternehmen, das von den frühen Anfängen bis heute kontinuierlich die Familie Flick zum Eigentümer gehabt hätte.

Der Konzerngründer Friedrich Flick, geboren 1883, war der Sohn eines bäuerlichen Holzhändlers, der im Siegerland Grubenholz auf- und weiterverkaufte. Seine Schulzeit endete mit der mittleren Reife der Realschule in Siegen. Nach einjähriger Militärzeit in Kassel, wo ein Onkel, der Gastwirt Kaletsch, lebte, der den immer hungrigen Neffen unentgeltlich beköstigte, ging Friedrich Flick für einige Jahre nach Köln, wo er die Handelshochschule besuchte. Sein Studium finanzierte er mit Nachhilfeunterricht, den er Handelsschülern erteilte, sowie mit kleinen Beiträgen für den Wirtschaftsteil der »Kölnischen Zeitung«. Von 1906 bis 1913 war der Diplomkaufmann Flick dann Prokurist der Bremer Hütte in Geisweid, wo er vor seinem Studium kaufmännischer Lehrling gewesen war. Zum 1. Mai 1913 wechselte Flick zur »Eisenindustrie zu

Menden und Schwerte AG« über, die ihn zu ihrem Direktor und Mitglied des Vorstands berief. Knapp 30 Jahre alt, dank seiner immensen Sparsamkeit nicht mehr ganz unbemittelt, über 1,80 Meter hochgewachsen, beruflich arriviert, energisch und herrisch, stellte er exakt den Typ des ›stattlichen Mannes‹ der wilhelminischen Epoche dar. Ebenfalls noch im Frühjahr 1913 heiratete Friedrich Flick die Siegener Ratsherrentochter Marie Schuß, die ihm neben verwandtschaftlichen Beziehungen zu wohlhabenden Leuten des Siegerlandes eine Mitgift von 30 000 Mark mit in die Ehe brachte.

Fünfzehn Monate später brach der Erste Weltkrieg aus, doch Direktor Flick brauchte nicht ins Feld – er war ja Direktor eines für die Kriegsrüstung wichtigen Betriebs und daher unentbehrlich. Allerdings – ganz unentbehrlich war Direktor Flick wohl doch nicht, denn schon 1915 mußte sein Betrieb auf ihn verzichten, zwar nicht, weil die Armee ihn einberief, sondern weil ihm die Konkurrenz ein besseres Angebot gemacht hatte. Flick wechselte in den Vorstand der Charlottenhütte in Niederschelden über; schon zwei Jahre später, 1917, wurde er alleinvertretungsberechtigter Generaldirektor dieses Unternehmens, in das er auch die eigenen Ersparnisse, die Mitgift seiner Frau sowie etliches, privat von den Banken geliehenes Geld investierte. So verdiente er nicht nur als Generaldirektor, sondern bald auch als Hauptaktionär an den fetten Rüstungsaufträgen ›seiner‹ Charlottenhütte, die durch die Kriegskonjunktur enorme Einnahmen hatte. Flick legte damals das meiste in Sachwerten an: Er kaufte kleinere Betriebe der Umgebung auf und hortete Schrott, der spottbillig zu haben war. Was die Charlottenhütte bis 1918 an steuersparender Kriegsanleihe gezeichnet hatte, verkaufte Flick achtundvierzig Stunden vor Waffenstillstand. Für den Erlös, 17 Millionen Mark, erwarb er Aktien oberschlesischer Bergwerksgesellschaften. Bei Kriegsende war er bereits, mit Hilfe einer knappen Mehrheit am bescheidenen Aktienkapital der

Charlottenhütte, Herrscher über einen Montankonzern mittlerer Größe. In den folgenden Jahren, bis 1924, setzte er jede Mark, die einkam oder die die Banken borgten, in Sachwerte um, tilgte mit dem völlig wertlos werdenden Geld alsbald alle aufgenommenen Kredite, nahm für die Produkte seines Konzerns, die am Markt heiß begehrt waren, schließlich nur noch harte Devisen und Aktien in Zahlung und stand am Ende der totalen Geldentwertung, als Deutschlands Mittelstand seine gesamten Ersparnisse eingebüßt hatte, glänzend da – als ein Industriemagnat mit einem Zigmillionen-Vermögen (neuer, harter Währung) und weitgestreutem Konzernbesitz.

Anderthalb Jahre später, 1925/26, geriet die deutsche Stahlindustrie in eine schwere Absatzkrise, die sie zwang, sich in Notgemeinschaften zusammenzuschließen. Im Mai 1926 wurde als erster und bei weitem größter Konzern die »Vereinigte Stahlwerke AG« gegründet, kurz »Stahlverein« genannt. Auch Flick brachte große Teile seiner Produktionsstätten in den ›Stahlverein‹ nach und nach ein und erhielt dafür insgesamt 20 Prozent der Aktien des neuen Konzerns.

Er war also zunächst zu genau einem Fünftel am ›Stahlverein‹ beteiligt, der seinerseits rund 40 Prozent der Stahlerzeugung und rund ein Drittel der Kohlenförderung Deutschlands beherrschte! Aber noch erstaunlicher war es, daß schon dreieinhalb Jahre später (und ohne daß er noch einen Pfennig draufgezahlt hätte) die ›Stahlvereins‹-Aktienmehrheit in seinen Händen war. Dieser Coup gelang Flick im wesentlichen dadurch, daß er die Konstruktion des ›Stahlvereins‹ besser durchschaut hatte als seine Partner und deren Unaufmerksamkeit rigoros ausnutzte. Dabei war die Sache, nachträglich gesehen, so einfach, daß jeder hätte daraufkommen können: Die Mehrheit von 51 Prozent der ›Stahlvereins‹-Aktien war bei der Gründung der Gelsenkirchener Bergwerks-AG, kurz

›Gelsenberg‹, zuerkannt worden, weil sie die Hauptkohlen-
basis des ›Stahlvereins‹ war. Wer also die Mehrheit vom ›Gelsenberg‹-Kapital hielt, beherrschte damit auch den ›Stahlverein‹. Flick hatte nach und nach die 20 Prozent des Aktienkapitals, mit der ›seine‹ Charlottenhütte am ›Stahlverein‹ beteiligt war, heimlich verkauft und dafür jeweils etwas geringer
notierte ›Gelsenberg‹-Aktien erworben. So brachte er mühelos die ›Gelsenberg‹-Mehrheit und damit die Kontrolle über
die ›Stahlvereins‹-Majorität in den Besitz der Charlottenhütte, die mehrheitlich von ihm beherrscht wurde.

Es war geradezu ein Musterbeispiel dafür, wie man mit ver-
hältnismäßig kleinem Kapital, nämlich mit etwas mehr als der
Hälfte des bescheidenen Grundkapitals der Charlottenhütte,
die Majorität in einem weit bedeutenderen Unternehmen wie
›Gelsenberg‹ und damit die Kontrolle über ein Mammutunternehmen wie den ›Stahlverein‹-Konzern gewinnen konnte,
der seinerseits eine beherrschende Position im Wirtschaftsle-
ben Deutschlands einnahm.

Doch mit der Eroberung der Kontrolle über den ›Stahlverein‹
durch den noch ziemlich unbekannten Friedrich Flick war
dessen Coup noch keineswegs beendet. Jetzt zündete Flick
die dritte Stufe der Rakete: Im November 1931, als die Weltwirtschaftskrise Abermillionen arbeitslos hatte werden lassen
und die Aktienkurse einen nie zuvor gekannten Tiefstand
erreicht hatten, ließ Flick gerüchtweise verlauten, französi-
sche Banken wollten die Notlage an Rhein und Ruhr zum
großen Schlag ausnutzen und den ›Stahlverein‹ unter ihre
Kontrolle bringen.

Eine Woche später kam ein neues Gerücht auf: Amsterdamer
Banken verhandelten bereits – und im Auftrag der Franzosen
– mit Flick; sie böten ihm den fünffachen Kurswert für ›sein‹
›Gelsenberg‹-Paket!

Die Gerüchte, an denen natürlich kein wahres Wort war,
taten ihre Wirkung (und, wie man heute weiß, ein paar Geld-

spenden Flicks an Politiker ebenfalls). Die mit ungeheuren Schwierigkeiten kämpfende Reichsregierung sah eine neue Gefahr heraufziehen: den Ausverkauf der Ruhr an die Franzosen! Reichsfinanzminister Dietrich wurde auf Vorschlag des Reichskanzlers Dr. Brüning beauftragt, Flick ein Angebot zu machen und den französischen Käufern ›um jeden Preis‹ zuvorzukommen. Zu mehr als dem Vierfachen ihres damaligen Wertes kaufte das arme Reich Friedrich Flicks ›Gelsenberg‹-Mehrheit auf. Flick verdiente an dieser Transaktion so viel, daß er mit einem Schlage zu den Geldgiganten der Weimarer Republik zählte, wogegen Kanzler Dr. Heinrich Brüning (vom katholischen Zentrum) 150 000 RM, sein liberaler Vizekanzler und Finanzminister Dr. Hermann Dietrich sogar 950 000 RM von Flick als ›Spende‹ erhielten. Die Brüning-Nachfolger im Kanzleramt, Franz v. Papen und General Kurt v. Schleicher, standen mit je 100 000 RM in Flicks Büchern, aber dann kamen die Nazis an die Macht, und die »Beziehungspflege« wurde nun erheblich teurer, allerdings stiegen auch die Profitchancen ins Unermeßliche.

Wie wir bereits wissen, traten Friedrich Flick und sein damaliger engster Mitarbeiter, Otto Steinbrinck, dem ›Freundeskreis des Reichsführers SS Heinrich Himmler‹ bei, was jährlich mit sechsstelligen Summen bei Flick zu Buche schlug, aber noch weit teurer war Flicks Freundschaft mit Hermann Göring, der im Nürnberger Kriegsverbrecherprozeß Flick als »absolut Persona grata« bezeichnete. Insgesamt spendete das Haus Flick an die obersten Nazis rund 7,5 Millionen RM. Göring war Flick dann bei einem – so »Der Spiegel« 1984 – »der größten Arisierungs-Raubzüge der NS-Zeit behilflich: Der Konzernschmied (Flick) konnte seinem Imperium den Besitz der tschechoslowakischen Familie Petschek anfügen. Die jüdischen Firmen-Inhaber verfügten (u. a.) über ein Drittel der deutschen Braunkohlenvorräte. Kurz vor Ende des Krieges gebot Flick über das größte private Industrie-

Imperium im Reiche Adolf Hitlers.« »Niemand«, lobte damals die Wochenzeitung »Das Reich«, »hat die Ernennung zum Wehrwirtschaftsführer mehr verdient als Friedrich Flick.«

Indessen traf Flick, spätestens von 1943 an, auch Vorkehrungen für den Fall einer deutschen Niederlage, und als die Rote Armee sich Berlin näherte, reiste Familie Flick eilig nach Oberbayern (und mit ihr der Sandkasten- und Schulfreund des jüngsten Sohns Friedrich Karl, Eberhard v. Brauchitsch). Auf seinem Landsitz, dem Hofgut Sauersberg bei Bad Tölz, erwartete Friedrich Flick dann den Untergang des ›Dritten Reiches‹. Am 13. Juni 1945 wurde er von den Amerikanern verhaftet, auf deren Kriegsverbrecherliste er weit oben stand – wegen Ausbeutung von Sklavenarbeit, Plünderung und Inbesitznahme jüdischer Betriebe. Erst nach zweieinhalbjähriger Untersuchungshaft kam er vor das Nürnberger Militärgericht, zusammen mit seinen engsten Mitarbeitern, Otto Steinbrinck und Konrad Kaletsch, seinem Vetter aus Kassel. Kaletsch wurde freigesprochen, Steinbrinck zu fünf Jahren, Friedrich Flick zu sieben Jahren Gefängnis verurteilt. Aber schon im August 1950 waren alle wieder auf freiem Fuß. Als der US-Hochkommissar McCloy, Adenauers Schwager, Flick begnadigte, hatte der seinen 67. Geburtstag schon hinter sich. Doch das Beste in seinem Industriellen-Leben sollte erst noch kommen.

Schon im Gefängnis hatte er sich intensiv und mit Hilfe der Bilanzen, Wirtschaftsanalysen und sonstigen Unterlagen, die seine Anwälte allwöchentlich für ihn beschafften, Gedanken über einen Wiederaufbau seines Konzernreichs gemacht, von dem ihm westlich der Elbe ja noch einiges verblieben war: der »Maxhütte-Konzern« mit Zentrum in der Oberpfalz, eine 82prozentige Beteiligung an der Hochofenwerke Lübeck AG, eine über 60prozentige Beteiligung an der Harpener Bergbau AG und knapp 60 Prozent des Kapitals der Essener

Steinkohlenbergwerks-AG. Flick war schon bei Kriegsende fest entschlossen, sich von allen Kohleninteressen zu trennen – eine Entscheidung, für die er sich später noch häufig beglückwünschen konnte! Bald nach seiner Entlassung nahm er Verbindung zu einer französischen Gruppe auf – diesmal wirklich – und verkaufte ihr sein Harpen-Paket für 180 Millionen DM, was – infolge der ausgehandelten, sehr hohen »Paket-Zuschläge« – knapp das Dreifache des Kurswerts war. Von den Essener Steinkohlen-Aktien trennte er sich ebenfalls rasch und verkaufte sie an Mannesmann für 50 Millionen DM. So hatte er, kurz nachdem sich die Gefängnistore für ihn geöffnet hatten, eine Viertelmilliarde DM flüssige Mittel, mit denen er sich in diejenigen Industriezweige Westdeutschlands einkaufte, die ihm die besten Zukunftsaussichten zu bieten schienen, etwa die Automobil- und Kunststoffproduktion. Es würde Bände füllen, wollte man alle Transaktionen nachvollziehen, die zum Aufbau des Flickschen Nachkriegsimperiums führten. Am Ende seines Lebens gehörten ihm jedenfalls als wichtigste Bastionen seines Industriereichs die Feldmühle AG, die alte Maximilianshütte, eine starke Mehrheit an der Buderus AG, Wetzlar, zu deren Konzern auch die Münchener Waffenschmiede Krauss-Maffei zählte, die Dynamit-Nobel AG in Troisdorf mit zahlreichen Konzerntöchtern sowie ein umfangreiches Paket Daimler-Benz-Aktien, das allein zu Beginn der 70er Jahre einen Wert von über zwei Milliarden DM darstellte!

Schon 1958, acht Jahre nach seiner Entlassung aus dem Kriegsverbrechergefängnis Landsberg am Lech, hatte Bundeskanzler Adenauer dem wiederauferstandenen Industriemagnaten Friedrich Flick zum 75. Geburtstag und »zum großen und staunenswerten Lebenswerk« gratuliert, und tatsächlich konnte man nur staunen, was der greise Ex-Häftling in so kurzer Zeit wieder zusammengerafft und wie fest er seinen Industriebesitz im Griff hatte. Dagegen war es äußerst schlecht bestellt um die Erbfolge: Mit seinen beiden Söhnen, Otto-Ernst und Friedrich-Karl – der zweitgeborene Sohn Rudolf war im Polenfeldzug 1939 gefallen –, stand sich der autokratische Übervater miserabel. Zunächst sollte Otto-Ernst (»OE«) das Konzernreich übernehmen, Friedrich-Karl (»FK«), vom Vater stets als »das Bürschchen« bezeichnet, mit ein paar hundert Millionen abgefunden werden. Dann gab es Krach, und es kam sogar zum Bruch zwischen dem Ältesten und dem Vater. Erst zwei Jahre später, Weihnachten 1960, konnte das Zerwürfnis einigermaßen beigelegt werden. Ein komplizierter neuer Gesellschaftsvertrag, der rund 200 Millionen an Steuern kostete, wurde aufgesetzt, doch es lohnt nicht, näher darauf einzugehen, weil Vater Flick schon ein Jahr später alles wieder umstieß. Er benutzte die Vollmachten, die ihm »OE« und »FK«, ehe sie beschenkt wurden, hatten ausstellen müssen, um damit im Alleingang alles wieder neu zu regeln: »FK« avancierte nun zum Thronerben, wogegen »OE« praktisch jederzeit ganz ausgebootet werden konnte. Daraufhin zog »OE« vor Gericht, und mehr als ein halbes Jahrzehnt lang stritten sich Vater und Sohn, Großvater und Enkel, Brüder und Frauen vor den Gerichten, bis 1966 endlich ein Vergleich zustande kam: »OE« bekam eine hohe Abfindung und schied endgültig aus dem Familienkonzern aus; seine beiden Söhne sollten, sobald sie 28 Jahre alt wären, ihre Beteiligungen am Konzern selbst vertreten (wurden aber später von »FK«, ihrem Onkel, abgefunden und ausgebootet). Übrig blieb »das Bürschchen« FK, der beim Tode Friedrich Flicks, der 1972 fast neunzigjährig starb, das gesamte Konzernreich erbte.

Zweifel an der Befähigung seines Jüngsten, den Konzern zu führen, hatte Friedrich Flick von Anfang an gehabt. Deshalb hatte er Eberhard v. Brauchitsch, den Jugendfreund »FK«s, ihm als Generalbevollmächtigten an die Seite gestellt. Aber 1971 war es zum Krach zwischen dem Hausmeier und dem

Juniorchef gekommen, und so hatte v. Brauchitsch ein Angebot Axel Springers angenommen und war dessen Generalbevollmächtigter geworden. Ein Jahr später, vom Totenbett
seines Vaters aus, rief »FKF«, wie er nun genannt wurde,
v. Brauchitsch zurück. Springer verstand die Notwendigkeit
und ließ ›seinen besten Mann‹ ziehen, zahlte ihm aber weiterhin ein stattliches Beraterhonorar. »In den frühen siebziger
Jahren arbeiteten Friedrich Karl und v. B. zunächst bestens
zusammen«, wußte »Der Spiegel« zu berichten. »Nach dem
Tod des Alten half v. B., die Alleinherrschaft des Sohnes
abzusichern. Dann setzte das Duo zu seinem Herkules-Werk
an: Um die Steuerbefreiung für die Daimler-Milliarden
durchzudrücken, mußte die traditionelle Spenden-Maschine-
rie des Hauses Flick auf höchste Touren gebracht werden...
Geld spielte keine Rolle. Die Schwarze Kasse quoll über von
jenen Millionen, die von Brauchitsch über die katholische
Steyler Mission dem Staat direkt abgeluchst hatte. Doch fehl-
te es dem Konzernchef und seinen Helfern auch nicht an
herkömmlich verdientem Geld...«
Kein Wunder, denn auch nach dem Verkauf der Mehrheit
seiner Daimler-Aktien ist »FKF« noch mit 10 Prozent am
Daimler-Benz-Aktienkapital beteiligt; es gehören ihm ein
Drittel des US-Konzerns Grace; die Feldmühle AG (Umsatz
1983: 2,7 Milliarden) samt deren riesigem Auslandsbesitz,
vor allem in Kanada, ist 100prozentig in Flick-Eigentum; er
hält eine starke Mehrheit beim Buderus-Konzern, und an
dessen Münchner Tochter, Krauss-Maffei, blieb er auch nach
dem Verkauf dieser Waffenschmiede an Messerschmitt-
Bölkow-Blohm (MBB) und Diehl weiterhin mit 10 Prozent
beteiligt. Schließlich ist auch die Dynamit-Nobel AG (Umsatz 1983: 3,2 Milliarden) zu mindestens 98 Prozent in Flick-
Eigentum.
Alles in allem ist die Meinung des »Spiegel« – »Sein Vermögen
läßt sich nur grob abschätzen: Vielleicht sind es vier, vielleicht

auch fünf oder sechs Milliarden Mark...« – allzu vorsichtig. Insider schätzen den Erlös, den FKF beim Verkauf seiner mehr als 200 über den ganzen Globus verstreuten Unternehmen erzielen könnte, auf mindestens acht Milliarden.

Dennoch – so »Der Spiegel« weiter –, »den reichen Mann beschäftigt ein Problem, das dem gewöhnlichen Bundesbürger lächerlich erscheinen muß: Er hat Angst, arm zu sterben...« Er hat überhaupt viel Angst: »Für Münchner Einwohner ist Flick nahezu unsichtbar. Sein Haus in den Pienzenauer Straße neben der Isar – dort wohnt auch Bundesinnenminister Friedrich Zimmermann – fehlt im Stadtadreßbuch. Die 600 Quadratmeter Wohnfläche sind mit drei Dächern und Panzerglasfenstern geschützt. Herr und Haus werden von zwei Dutzend Wachposten und professionellen Leibwächtern beschützt. Ein vietnamerfahrener Spezialist der US-Eliteeinheit Green Berets führt die Truppe an. Die von außen asiatisch anmutende Villa enthält eine Schwimmhalle, einen Atombunker, zwei Stromaggregate und zahlreiche Vorratskammern... Die Gesamtkosten schätzen Kenner auf 28 Millionen Mark. Von zwölf beweglichen Videokameras beäugt, nähert sich der Haus- und Konzernherr in einem gepanzerten Mercedes 500 dem Eigenheim und verschwindet hinter dem automatisch geöffneten Tor. Ein Messingschild kündet vom Besitzer der gespenstischen Villa: ›Flick Industrieverwaltung KGaA‹. Eine Nachbarin mutmaßt: ›Vielleicht gibt es den ja gar nicht.‹...«

Doch es gibt ihn, und allein in seinen ihm 100prozentig gehörenden bundesdeutschen Betrieben beschäftigt er rund 50 000 Menschen; rechnet man seine Minderheitsbeteiligungen anteilmäßig hinzu, sind es mehr als 100 000 Beschäftigte, die für FKF arbeiten.

Dr. Friedrich Karl Flick, Alleineigentümer der Friedrich Flick Industrieverwaltung KGaA, Aufsichtsrat der Daimler-Benz AG und der Deutschen Bank AG, auch der Holding der

Gerling Versicherungsgruppe, an der er erheblich beteiligt ist, kann zwar zu den Allerreichsten der reichen Bundesrepublik Deutschland gezählt werden, aber von den hierzulande in Kompaniestärke vertretenen Geldgiganten unterscheidet er sich hinsichtlich seines Vermögens, seiner Macht und beider Anwendung nicht allzu sehr, außer in einem Punkt: Er ist ins Gerede gekommen, die meisten anderen konnten bislang ihr Geldgigantentum vor den Blicken der Öffentlichkeit schützen.

Ebenfalls ins Gerede gekommen sind Flicks Traumkanzler Helmut Kohl und sein Kabinett. Die Vielzahl von Affären, die seit der »geistig-moralischen Wende«, wie Helmut Kohl seinen Regierungsantritt vollmundig zu nennen beliebte, bekanntgeworden sind, hätten in jeder anderen parlamentarischen Demokratie zu einem Sturz der so stark kompromittierten Regierung geführt, mindestens aber zum Rücktritt aller direkt Betroffenen. Aber nicht in Bonn. Kanzler Kohl denkt nicht im Traum an einen Rücktritt, und er hätte am liebsten auch diejenigen Mitglieder seines Kabinetts behalten, gegen die bereits Anklage erhoben worden war. Sein Beharrungsvermögen ist indessen keineswegs allein seiner persönlichen Neigung zuzuschreiben, jeden Skandal »auszusitzen«, bis er in Vergessenheit geraten ist. Vielmehr hat er mächtige Verbündete, die ihn im Kanzleramt behalten wollen: die Großkonzerne, für die Kohl schon als rheinland-pfälzischer Ministerpräsident ein stets verständnisvoller Ansprechpartner war.

Eine Regierung nach Maß

»Kohl, Helmut, geboren 3. 4. 1930 in Ludwigshafen am Rhein, Dr. phil., deutscher Politiker«, heißt es im »Aktuell – Lexikon der Gegenwart«, das 1984 im Chronik-Verlag erschienen ist, und weiter: »Der CDU-Bundesvorsitzende brachte seine Partei 1982 nach 13jähriger Opposition an die Regierung zurück. In seinen ersten Amtsjahren als Kanzler einer CDU/CSU/FDP-Regierung bemühte er sich vor allem um die Verbesserung des Verhältnisses zwischen der BRD und den USA sowie um eine Belebung der Wirtschaft. – Die politischen Erfolge von K., der seine Karriere in Rheinland-Pfalz begann (Ministerpräsident 1969–76), gelten als Ergebnis einer außerordentlichen Beharrlichkeit. Nach mehreren Mißerfolgen als CDU-Bundesvorsitzender – Niederlage als Kanzlerkandidat 1976, Differenzen mit dem CSU-Vorsitzenden Franz Josef Strauß, der 1980 Kanzlerkandidat wurde – gelang es K. 1982 mit Hilfe der FDP, ein konstruktives Mißtrauensvotum gegen Bundeskanzler Helmut Schmidt (SPD) durchzusetzen und selbst die Kanzlerschaft zu übernehmen. Bei der Bundestagswahl 1983 wurde er im Amt bestätigt. Politisch umstritten waren u.a. die Entscheidung, Verteidigungsminister Manfred Wörner (CDU) nach der Affäre Kießling im Amt zu halten (1984), und der Versuch, der Steuerhinterziehung beschuldigte Parteispender zu amnestieren (1984).«

Zu dem, was das Lexikon »u.a.« anführt, läßt sich noch einiges hinzufügen:

– Da war der allzu lange hinausgezögerte Rücktritt des Bundeswirtschaftsministers Dr. Otto Graf Lambsdorff (FDP), gegen den nach gründlichen Ermittlungen schon im Winter

1984/85 Anklage im Zusammenhang mit Flick-Spenden erhoben worden war;

– da war im Juni 1985 bekanntgeworden, daß Kohls Regie-
rungssprecher seit 1983, Peter Boenisch – vor seiner Ernennung zum Staatssekretär und Leiter des Bundespresseamts
ein Jahrzehnt lang Chefredakteur der Springer-Zeitungen
»Bild« und »Die Welt« –, nicht nur mehr als zehn Jahre lang
mit monatlich 12 500 DM von Flick dotierter Interessenwah-
rer der Automobilindustrie gegen Tempolimit und Abgasent-
giftung gewesen war, sondern daß er auch ›vergessen‹ hatte,
diese Nebeneinnahmen (über 1,5 Millionen DM vom – damals mehrheitlich Flick gehörenden – Daimler-Benz-Konzern) korrekt zu versteuern. Boenisch trat zurück, nachdem
gegen ihn ein Strafbefehl ergangen war, zur Vermeidung einer
Anklage wegen Steuerhinterziehung 1,6 Millionen DM Bußgeld zu bezahlen.

– da war – ebenfalls im Juni 1985 – der in ohnehin schon sehr
mißliche Affären verwickelte Bundespostminister Dr. Christian Schwarz-Schilling erneut in die Schlagzeilen geraten –
»Der Spiegel« veröffentlichte sein Foto mit der Unterzeile *Als
Umweltgauner vor Gericht?* –, weil das Berliner Zweigwerk
seines Familienunternehmens »Akkumulatorenfabrik Sonnenschein« GmbH, Büdingen (Umsatz: rund 200 Millionen,
davon knapp die Hälfte in Westberlin), mit hochgiftigem Blei
aus illegal installierten Anlagen Leben und Gesundheit der
Beschäftigten und der Bewohner des Stadtviertels gefährdete,
so daß Staatsanwaltschaft und Gerichte bereits eingegriffen
hatten. Gegen Schwarz-Schilling, der 25 Jahre lang, bis zu
seinem Eintritt ins Kabinett Kohl, der alleinverantwortliche
Geschäftsführer des Familienunternehmens gewesen war,
dessen Leitung dann seine Ehefrau Marie-Luise übernommen
hatte, wurde überdies der Vorwurf erhoben, sich an Berlin-
Subventionen des Bundes unrechtmäßig – mit fast 3,5 Millionen DM seit 1975 – bereichert zu haben. Vor seiner Ernen-

nung zum Postminister hatte er dem Bundestagspräsidium verschwiegen, daß seine Firma »Sonnenschein« an der »Projektgesellschaft für Kabel-Kommunikation mbH« beteiligt war, für die er als Mitglied des zuständigen Ausschusses Insider-Informationen sammeln konnte. Weiter war der Postminister ins Gerede gekommen, weil er sich nicht gescheut hatte, seinen Kabinettskollegen, Innenminister Dr. Zimmermann, zu drängen, die – für »Sonnenschein« lästigen – Bleiausstoß-Grenzwerte zu entschärfen, sowie – so »Der Spiegel« – »durch rigorose Verkabelungsstrategie medienpolitische Weichenstellungen zugunsten privater Programmanbieter und auf Kosten des Fernsehpublikums« vorzunehmen. – Fast gleichzeitig mit dem Bekanntwerden von Schwarz-Schillings Umwelt- und Boenischs Steuersünden war Kanzler Kohl selbst ins Zwielicht geraten: Vor dem Untersuchungsausschuß des Mainzer Parlaments hatte ihn Ex-Wirtschaftsminister Graf Lambsdorff schwer belastet. Während sich Lambsdorffs Vorgänger im Bundeswirtschaftsministerium, Dr. Hans Friderichs, inzwischen Vorstandssprecher der Dresdner Bank AG, in Mainz entschuldigen ließ und unter Hinweis auf den ihm und Graf Lambsdorff bevorstehenden Strafprozeß wegen Bestechlichkeit und Steuerhinterziehung von seinem Aussageverweigerungsrecht Gebrauch gemacht hatte, war Graf Lambsdorff erschienen und hatte ausgepackt: Kohl hätte als rheinland-pfälzischer Ministerpräsident (bis 1976) exakt gewußt, wie sich CDU und FDP über illegale Geldwaschanlagen heimlich finanzieren ließen, wäre dabei sogar recht hilfreich gewesen (und hätte sich damit selbst der Beihilfe zur Steuerhinterziehung schuldig gemacht). Lambsdorff war, wie aus seiner Aussage hervorging, selbst der Antreiber gewesen. Als Schatzmeister der FDP in Nordrhein-Westfalen hatte er den Ruf des Nachbarlandes Rheinland-Pfalz als »Steueroase« zu schätzen gewußt. Unter Ministerpräsident Kohl und dessen Finanzminister Johann Wil-

helm Gaddum (CDU) – auch er ein von Flick mit Geld
Bedachter – konnten die Spendensammler der Parteien unge-
hindert die von den Unternehmen gespendeten Beträge über
Briefkastenfirmen und an den Finanzämtern vorbei in ihre
Kassen leiten. Eine dieser Firmen war die »Gesellschaft für
Europäische Wirtschaftspolitik« (GfEW). Sie sammelte für
Graf Lambsdorffs nordrhein-westfälische FDP, hatte aber
ihren Sitz im rheinland-pfälzischen Neuwied. Als das örtliche Finanzamt dahinterkam, daß die GfEW nur als
Geldwaschanlage fungierte, hatte sich Lambsdorff – so seine
Aussage – eilig an seinen Parteifreund Dr. Friderichs, den
späteren Bundesminister und nunmehrigen Mitangeklagten,
gewandt, der seinerzeit Staatssekretär in Mainz war, zuständig für Landwirtschaft, Weinbau und Umweltschutz. Friderichs und Graf Lambsdorff zogen dann – so des Grafen
schriftliche Unterlagen und mündliche Erklärungen – nicht
nur Finanzminister Gaddum ins Vertrauen, sondern auch
Ministerpräsident Helmut Kohl. Es sei auch zu einem Treffen
Lambsdorff-Kohl am 20. Dezember 1973 gekommen, bei
dem – so Lambsdorff vor dem Ausschuß – Helmut Kohl
ausdrücklich guthieß, was geschehen war: Die Oberfinanzdi-
rektion Koblenz, zuständig für Neuwied, hatte Lambsdorffs
Sorgen behoben; die »GfEW« konnte weiter unter dem fal-
schen Etikett eines steuerbegünstigten Berufsverbandes in
Neuwied Geld kassieren und ›gewaschen‹ nach Düsseldorf
weiterleiten. Daß dies nachträglich durch Lambsdorffs Aussage in Mainz herauskam, war höchst peinlich für Ex-Finanz-
minister Gaddum, seit 1981 rheinland-pfälzischer Minister
für Bundesangelegenheiten in Bonn, nebenbei zuvor auch
Geschäftsführer der NE-Metallgießerei und Mineralölgroß-
handlung Huth & Gaddum GmbH & Co KG in Velbert, der
jedwedes Wissen um die Neuwieder »GfEW« und ihre Manipulationen stets energisch bestritten hatte. Aber noch peinli-
cher war Lambsdorffs Aussage für Bundeskanzler Helmut

Kohl, der seine einst in Mainz begangenen Sünden für längst vergessen gehalten hatte.

Zu allem Überfluß wurde Kanzler Kohl fast gleichzeitig noch auf andere Weise kompromittiert, die aber ebenfalls mit seiner Ministerpräsidentschaft in Mainz zusammenhing: Am 28. Dezember 1984 war ein bewaffneter Raubüberfall auf ein Baden-Badener Juweliergeschäft verübt worden; mit einer Beute im Verkaufswert von 2,6 Millionen DM war der Täter zunächst entkommen. Ende März 1985 wurde indessen Anklage erhoben gegen den schon kurze Zeit nach dem Überfall wegen dringenden Tatverdachts verhafteten ehemaligen rheinland-pfälzischen FDP-Landes- und Fraktionsvorsitzenden Dr. Hans-Otto Scholl, Rechtsanwalt aus Ludwigshafen-Oggersheim, dort Villennachbar von Helmut Kohl, der den befreundeten Politiker mit dem Bundesverdienstkreuz Erster Klasse geschmückt hatte.

Bei der Fahndung nach den geraubten Juwelen fand die Polizei in einem Züricher Bankschließfach nicht nur Teile der Beute, sondern auch eine Menge Papiere, die Einblick gaben in die Spendenpraxis der pharmazeutischen Industrie der Bundesrepublik. Dr. Scholl war nicht nur Politiker, sondern auch während vieler Jahre Hauptgeschäftsführer des Bundesverbands der Pharma-Industrie (BPI) gewesen, bis ihn der BPI wegen »zu eigenmächtigem Umgang mit dem Verbandsvermögen« gefeuert hatte. Dr. Scholl mußte sich schriftlich verpflichten, dem BPI binnen einem Jahr 1,6 Millionen DM zurückzuerstatten. Immerhin bekam er weiterhin monatlich 5700 DM ›Pension‹ vom BPI – »Schweigegeld?« fragte »Der Spiegel«.

Solche Vermutungen erscheinen nicht völlig ungerechtfertigt, angesichts der durch die aufgefundenen Papiere bewiesenen Tatsache, daß etliche Millionen DM für CDU- und FDP-Politiker bestimmte Spendengelder der Pharma-Industrie durch Dr. Scholls Hände gegangen waren.

So hatte CDU-Schatzmeister Walther Leisler Kiep, nebenbei auch Teilhaber der weltweit operierenden Versicherungsgruppe Gradmann & Holler sowie Aufsichtsrat des britischen Chemie-Riesen ICI und dessen bundesdeutscher Tochterunternehmen, »zugleich im Namen von Herrn Dr. Kohl und Herrn Professor Biedenkopf« 70 000 DM kassiert – von Curt Engelhorn, Chef des Engelhorn-Familienunternehmens »Boehringer Mannheim GmbH« (Pharma-Umsatz 1983: 1,1 Milliarden DM) – via Dr. Scholl und eine illegale Geldwaschanlage; der CDU/CSU-Fraktionsvorsitzende Alfred Dregger hatte – so die Staatsanwaltschaft – »einige hunderttausend Mark« bei der »Wella« AG Darmstadt (zu über 75 Prozent im Eigentum der Familie Ströher; Weltumsatz 1983: 1,4 Milliarden DM) abkassiert.

Vom Pharma-Werk E. Merck, Darmstadt (100prozentiger Familienbesitz; Konzernumsatz 1983: 1,4 Milliarden DM) bekam die CDU-Prominenz, aber auch Anita Gräfin v. Galen, Ehefrau des inhaftierten Bankiers Ferdinand Graf v. Galen und ehedem Frankfurter CDU-Schatzmeisterin, rund eine Million DM.

Auch weniger bekannte Chemie-Unternehmen wie die Röhm GmbH, Darmstadt (»Plexiglas« u. a., zu über 50 Prozent Röhm-Familienbesitz; Jahresumsatz 1983: 1,4 Milliarden DM) und die Dr. Karl Thomae GmbH, Biberach (Tochtergesellschaft von C. H. Boehringer Sohn, Ingelheim, einem reinen Familienunternehmen der Boehringer, Liebrecht und v. Baumbach; Konzernumsatz 1983: 2,6 Milliarden DM) waren mit beträchtlichen Spenden in Dr. Scholls Listen vertreten, erst recht natürlich die Mammutkonzerne Bayer und Hoechst.

Was die Pharma-Industrie mit den Spenden bezweckte, die sie über ihren Verbandsgeschäftsführer Dr. Scholl und allerlei illegale Geldwaschanlagen den Politikern zukommen ließ, hatte weniger mit dem zu tun, was im Hause Flick die »besondere Pflege der Bonner Landschaft« genannt wurde. Vielmehr wurde aus Dr. Scholls Unterlagen offenkundig, daß es vor allem darum ging, gezielt diejenigen Politiker und auch Beamten zu fördern, die Einfluß auf die Gesundheitspolitik und die Arzneimittelgesetzgebung ausüben konnten.

In der Bundesrepublik wurden zur Zeit der Aktivitäten des BPI-Hauptgeschäftsführers Dr. Scholl knapp 8 Milliarden jährlich für Arzneimittel ausgegeben; inzwischen sind es jährlich fast 16 Milliarden DM. »Fast die Hälfte dieser gigantischen Steigerung, die alle Bundesbürger belastet, hätte sich – so »Der Spiegel« im Juni 1985 – »einsparen lassen«, wären damals nicht die Kernpunkte der geplanten Reform der Arzneimittelgesetzgebung »von der Pillen-Lobby herausgeschossen« worden.

Die vom damaligen Pharma-Verbandsgeschäftsführer Dr. Scholl gelenkte Versorgung der Lobby mit sehr viel Geld hat sich für die Arzneimittelproduzenten also durchaus bezahlt gemacht, und es ist verständlich, daß sie Scholl (auch nach dessen Hinauswurf wegen allzu umfangreicher ›Selbstbedienung‹ aus der Verbandskasse) nicht darben ließen, sondern ihm eine Pension von monatlich 5700 DM bewilligten.

Kaum begreiflich ist es hingegen, daß der gefeuerte Verbandsgeschäftsführer, der 1981 auch als FDP-Landesvorsitzender zurücktreten mußte, wenig später im Mainzer Landtag von den Freidemokraten zum Fraktionsvorsitzenden gewählt wurde. Bei den Wahlen in Rheinland-Pfalz im März 1983 kam die FDP auf nur noch 3,5 Prozent der Wählerstimmen und war nun im Landesparlament nicht mehr vertreten. Aber der fortan arbeitslose Politiker Dr. Scholl brauchte dennoch nicht um seine Existenz zu bangen: obwohl er als ehemaliger Abgeordneter ein Übergangsgeld von monatlich 5400 DM bezog, mit seiner BPI-Pension also auf monatlich 11 100 DM feste Bezüge kam, sahen ihn seine politischen Freunde, an ihrer Spitze CDU-Ministerpräsident Bernhard Vogel, auch er ein Pharma-Spendenempfänger, als unterstützungsbedürftig an. Er bekam bei der Deutschen Anlagen Leasing (DAL) in Mainz, an der die rheinland-pfälzische Landesbank mit 26,6 Prozent beteiligt ist, einen mit weiteren 5000 DM monatlich dotierten Beratervertrag.

Doch damit immer noch nicht genug: Nun setzte sich auch Bundeskanzler Helmut Kohl für den vermeintlich darbenden Freund und Oggersheimer Nachbarn ein. Scholl bekam bei der Deutschen Lufthansa – Direktbeteiligung des Bundes: 74,3 Prozent – einen weiteren Beratervertrag, der ihm ein Monatssalär von 10 000 DM und eine monatliche Aufwandsentschädigung von 5000 DM garantierte.

Helmut Kohl, der seit der Zeit, da ihn sein Entdecker und Förderer Dr. Fritz Ries beim BASF-Konzern unterbrachte, der Großchemie- und Pharma-Industrie verbunden ist, hat sich wohl dem Nachbarn Dr. Scholl, der ihm und seiner Partei über lange Jahre hinweg finanziell so hilfreich gewesen war, wohl »geistig-moralisch« verpflichtet gefühlt. Der Kanzler konnte nicht ahnen, daß Dr. Scholl, dessen Lufthansa-Vertrag ihm vom 1. November 1983 an die »Wahrnehmung rechtlicher Aufgaben« abverlangte, schon vierzehn Monate später als mutmaßlicher Juwelenräuber verhaftet werden würde.

Erst recht nicht ahnen konnte Kanzler Kohl, daß ein Vierteljahr nach dem Raubüberfall in einem Safe des Schweizerischen Bankvereins in Zürich nicht nur ein 6,5 karätiger Brilliant aus der Baden-Badener Juwelenbeute gefunden werden würde, sondern auch alle jene Papiere, die über die finanziellen Zuwendungen der Pharma-Industrie an Bonner Politiker, den Kanzler selbst eingeschlossen, umfassenden Aufschluß gaben.

Zwar sind noch keineswegs alle Pharma-Spendenunterlagen öffentlich bekanntgeworden. Doch was davon publiziert worden ist, läßt die von Kanzler Kohl regierte Bundesrepublik Deutschland genau als das erscheinen, was Helmut Kohl versprochen hatte, sie *nicht* werden zu lassen: als eine Bananenrepublik, beherrscht vom großen Geld und einer von diesem abhängigen Regierung, die sich die bundesdeutschen Konzerne für ihre Zwecke nach Maß haben anfertigen lassen.

Vom ganz großen Geldverdienen

Die Pharma-Industrie, deren Machenschaften durch die Scholl-Papiere teilweise publik wurden, galt schon im vorigen Jahrhundert als eine der aussichtsreichsten Branchen, wo sich mit den geringsten Skrupeln die höchsten Profite erzielen ließen. Fast hundert Jahre lang konnte sie, vom Gesetzgeber kaum behindert, alles produzieren und in den Handel bringen, was sie für richtig und lohnend hielt – bis hin zum Rauschgift Heroin, das die Leverkusener Bayer-Werke tatsächlich 1900 als »Hustenmittel« auf den Markt brachten.

Im kaiserlichen Deutschland, wo sonst, wie die Nachbarvölker spotteten, »alles verboten« war, wurde die Reglementierung der Produktion und des Verkaufs von Pharmazeutika äußerst lasch gehandhabt, und so blieb es auch später. Erst nach der »Contergan«-Katastrophe der frühen sechziger Jahre wurde eilig ein neues – wiederum sehr zahmes – Arzneimittelgesetz verabschiedet. Einen zweiten Versuch unternahm die sozial-liberale Regierung im Jahre 1973: Ein von der damaligen Bundesgesundheitsministerin Katharina Focke (SPD) vorgelegter Gesetzentwurf sollte endlich den Pharma-Dschungel lichten, strenge Kriterien für die Zulassung von Medikamenten schaffen und der Kostenexplosion im Gesundheitswesen Einhalt gebieten.

Der löbliche Versuch mißlang. Die Pharmaindustrie erwies sich als geschickt, skrupellos und finanziell stark genug, die Pläne der SPD/FDP-Regierung zu durchkreuzen, was ihr um so leichter fiel, als der freidemokratische Koalitionspartner auf seine Geldgeber aus der Pharma-Industrie dringend angewiesen war.

Wieder bewahrheitete sich, was der Begründer eines der später führenden Pharma-Unternehmen, der Apotheker Emil Schering, vor mehr als hundert Jahren enthusiastisch erklärte: »Mit Chemie kann man *alles* machen!« – wie wir inzwischen wissen, sogar aus saurem Wein kostbare, im Geschmack »harmonisch abgerundete« und preisgekrönte Beerenauslesen mit amtlicher Prüfungsnummer und Gütesiegel, nur mit einem kleinen, noch nicht direkt lebensgefährlichen Zusatz von Frostschutz-Glykol. So entdeckt im Sommer 1985, nicht nur bei Produkten burgenländischer Weinpanscher, sondern auch bei Kellereiabfüllungen von »Qualitätswein mit Prädikat« der in Rümmelsheim (Rheinland-Pfalz) ansässigen Pieroth-Gruppe (Umsatz 1983: 610 Millionen DM; im Alleineigentum von Elmar, Kuno junior und Dieter Pieroth, wobei der derzeitige Berliner Wirtschaftssenator Elmar Pieroth auch dem CDU-Bundesvorstand und dessen Wirtschafts-Fachausschuß als stellvertretender Vorsitzender angehört, nebenbei heute auch zuständig ist für die »Wirtschaftsförderung Berlin«, (eine Einrichtung, wie sie in der Vergangenheit beispielsweise der Westberliner Bleischleuder »Sonnenschein« des Postministers Schwarz-Schilling zugute kam).

Außer der Chemie gab und gibt es indessen noch ein weiteres industrielles Betätigungsfeld, wo sich mit minimierten moralischen Skrupeln maximale Profite erzielen lassen: die Rüstung.

Heute sind zwar fast alle Großunternehmen der Schwer-, Elektro-, Automobil-, Luftfahrt und sonstigen Industrie in mehr oder minder starkem Maße auch für die Rüstung tätig; ob Siemens oder Bosch, Daimler-Benz oder M.A.N., ob Klöckner oder Mannesmann – alle produzieren, neben Produkten für den zivilen Bedarf, ebenfalls solche für militärische Zwecke. Es gibt jedoch einige Konzerne, bei denen die Rüstungsproduktion dominiert, beispielsweise die *Diehl GmbH & Co* in Nürnberg.

Die zahlreichen Tochterunternehmen der Diehl-Gruppe

produzieren, außer Metall-Halbzeug und Uhren – bis hin zu »quartzgesteuerten Schlagwerkuhren mit vier vollelektronisch erzeugten Glockenmelodien« –, vor allem »Waffen und Material für Zivilschutz und Landesverteidigung, Maschinenkanonen, komplette Waffensysteme..., Raketen, Sub- und Lenkmunition, Zündsysteme, Pioniermittel, Täuschmittel...« – die Liste im Diehl-Katalog ist schier endlos.

Seit Anfang der sechziger Jahre stellt die Diehl-Gruppe auch »Gleisketten aller bekannten Konstruktionen« her, übernimmt auch die »Ausstattung und Wartung von Kettenfahrzeugen«, vorzugsweise militärischen, und weil sie sich dann ein Vierteljahrhundert lang in immer stärkerem Maße mit dem befaßte, was umgangssprachlich ›Panzer‹ heißt, kaufte sie sich, im Verbund mit Messerschmitt-Bölkow-Blohm (MBB), im Sommer 1985 in die Münchner Panzerschmiede Krauss-Maffei ein, als Flick, wie schon kurz erwähnt, seinen Löwenanteil an diesem, auch den berühmten ›Leopard 2‹-Panzer produzierenden Unternehmen auf einen nur noch 10prozentigen Anteil verringerte.

Übrigens, der Einstieg von Diehl, einem 100prozentigen Familienunternehmen, ins Panzerkettengeschäft fiel zeitlich zusammen mit einer der vielen Affären des seinerzeitigen Bundesverteidigungsministers Franz Josef Strauß, einem Duzfreund des Firmeninhabers Carl Diehl, und es handelte sich dabei um den »Onkel Aloys«-Skandal, der hier nur in Umrissen beschrieben sei.*

Der Metallurge Dr. Aloys Brandenstein hatte bald nach dem Ende des Zweiten Weltkrieges, als er in Bayern lebte, die Familie des Brauereibesitzers und CSU-Landtagsabgeordneten Dr. Max Zwicknagl kennengelernt und sich mit ihr ange-

---

*Ausführlich dargestellt in: Bernt Engelmann, »Das neue Schwarzbuch Strauß, Kohl & Co«, KiWi Nr. 29, 1983.

freundet; die Zwicknagl-Töchter, von denen die eine, Marianne, 1957 den damaligen Verteidigungsminister Strauß heiratete, nannten den guten Freund der Eltern »Onkel Aloys«.

Von 1954 an befand sich Dr. Brandenstein nach eigener hochoffizieller Erklärung »in großer wirtschaftlicher Not«. Er lebte nun in Frankfurt am Main in einer winzigen Wohnung und hatte drückende Schulden, sogar – wegen einer unbeglichenen Zeche in Höhe von 6 DM – Lokalverbot in seiner Stammkneipe. Einer seiner Gläubiger machte ihn im Winter 1957/58 darauf aufmerksam, daß Marianne Zwicknagl die Ehefrau des Bonner Verteidigungsministers Strauß geworden sei – vielleicht könnte die ihm helfen. Er lieh dem »Onkel Aloys« sogar das Fahrgeld, damit er sein Nenn-Nichtchen besuchen konnte.

Schon sehr kurze Zeit später besserte sich die bis dahin verzweifelte wirtschaftliche Lage des Dr. Brandenstein: Er konnte alle Schulden begleichen, zog aus seiner Frankfurter Kleinwohnung um in eine Villa im Remscheid und wurde Generalbevollmächtigter der Panzerkettenfabrik Backhaus KG mit für damalige Verhältnisse fürstlichen Bezügen: 7500 DM nebst freier Wohnung, Dienst-Mercedes mit Fahrer sowie Vertrauensspesen! Drei Jahre später war »Onkel Aloys« bereits vielfacher Millionär, verkehrte nur noch in den teuersten Lokalen, vorzugsweise nachts, hatte eine eigene Villa in der besten Wohnlage von Bonn-Bad Godesberg, und erzählte jedem, der es hören (oder auch nicht hören) wollte, wie reich er nun sei und daß er seinen unverhofften Wohlstand allein der Güte seiner Nenn-Nichte, der Gattin des Bundesverteidigungsministers Strauß, zu verdanken habe. Er schwatzte auch noch manches mehr, jedenfalls zuviel: Denn die sehr freimütigen Äußerungen des Dr. Brandenstein kamen auch dem Autor dieses Buchs, damals noch »Spiegel«-Redakteur, zu Ohren, diese Tatsache wiederum den Förderern des »Onkels«, was zur Folge hatte, daß ein enger Freund des Ministers Strauß, der heutige Bundesinnenminister Dr. Fritz Zimmermann, damals CSU-Abgeordneter in Bonn und Vorsitzender des Verteidigungausschusses, den Autor aufsuchte und ihm zu dessen Überraschung einige gar nicht erbetene Papiere übergab: einen amtlichen Brief des Ministers an den Abgeordneten Dr. Zimmermann, worin es hieß, Dr. Brandenstein sei gewissen Behauptungen, er werde vom Minister gefördert, nicht energisch genug entgegengetreten und hätte daher nun im Ministerium und beim Beschaffungsamt Hausverbot. Als zweites übergab Dr. Zimmermann damals dem Autor eine – vom Strauß-Adjutant mit Dienstsiegel und Unterschrift beglaubigte – Erklärung des Dr. Aloys Brandenstein vom 6. Februar 1961, worin der Onkel vieles bestritt, was niemand behauptet hatte: »...sehe es als meine Verpflichtung an, allen Behauptungen entgegenzutreten, ich sei von irgend jemandem irgendwie protegiert worden... Dies stelle ich mit besonderem Nachdruck hinsichtlich der Person und der Familien von Konsul Dr. Zwicknagl und Bundesminister Strauß fest... Ich möchte ausdrücklich betonen, daß selbstverständlich weder Familie Dr. Zwicknagl noch Familie Strauß an meinen Geschäften in irgendwelcher Form beteiligt sind, waren oder sein werden...«

Zur noch größeren Überraschung des Autors wurden ihm diese Papiere von Dr. Zimmermann im Original überlassen mit der Bemerkung, eine Rückgabe sei nicht erforderlich. Offenbar waren die unmittelbar Beteiligten nebst ihrem Beauftragten, Dr. Zimmermann, der kühnen Meinung, die Sache hätte damit ihr Bewenden: Der vom bettelarmen Schnorrer binnen kürzester Frist zum Multimillionär aufgestiegene, langjährige Bundeswehrbeschaffer Dr. Aloys Brandenstein hatte ja erklärt, niemand hätte ihn gefördert. Zudem war »Onkel Aloys« inzwischen außer Landes, auch, wie es hieß, so krank, daß er nicht mehr vernehmungsfähig wäre, hatte in

Bonn und Koblenz Hausverbot, kurz, es gab nichts mehr, was man Minister Strauß hätte vorwerfen können, und überdies hatte »Onkel Aloys« ja ausdrücklich betont, Familie Strauß hätte von ihm »keinerlei Zuwendungen resp. materielle Vorteile irgendwelcher Art erhalten«.

Solche absurden Verdächtigungen waren bis dahin von keinem seriösen Presseorgan auch nur angedeutet worden. Erst zweieinhalb Jahre später meldete sich der frühere Fahrer des in die Schweiz ausgewanderten Dr. Brandenstein im »Stern« zu Wort: Dieser Chauffeur, Paul Scharwächter, behauptete, wiederholt für Dr. Brandenstein bei dessen nächtlichen Gelagen zum Dienstwagen geschickt worden zu sein, um aus seinem Koffer Bargeld zu holen. Dieses mit Sicherheitsschlössern versehene Gepäckstück wäre dann stets mit Bündeln druckfrischer Banknoten gefüllt gewesen. Auch hätte er wiederholt Dr. Brandenstein zur Strauß-Villa auf dem Bonner Venusberg gefahren und dort für den »Onkel« den Koffer bis zur Tür getragen, der, seinem Gewicht nach, bei der Ankunft stets gut gefüllt, bei der Abfahrt hingegen leer gewesen wäre.

Dem »Stern« wurde die Veröffentlichung bestimmter Teile des Scharwächterschen Berichts gerichtlich untersagt, weil das Gericht darin die Tatsachenbehauptung sah, Dr. Brandenstein habe mit Strauß teilen müssen. Darüber hatte der Fahrer selbstverständlich nur haltlose Vermutungen äußern können; das Gewicht eines Koffers sagt schließlich ebensowenig über seinen exakten Inhalt aus wie ein flüchtiger Blick hinein bei anderer Gelegenheit. Vom Inhalt jener »Stern«-Veröffentlichung war daher hier auch keinesfalls deshalb die Rede, weil etwa Autor oder Verlag die vom Gericht damals angenommenen Vermutungen teilen, vielmehr ausschließlich, um zu dokumentieren, in welches Zwielicht Minister Strauß durch seine Beziehungen zum Nenn-»Onkel Aloys« seiner Frau geraten war.

Doch nun zurück zum Strauß-Spezi Carl Diehl, der zum »Onkel Aloys« ebenfalls in Beziehungen getreten war, aber dadurch keine Unannehmlichkeiten hatte, vielmehr große Vorteile: Die Panzerkettenfabrik Backhaus in Remscheid, der die Einstellung des bis dahin mittellosen Dr. Brandenstein samt der fürstlichen Höhe seiner Bezüge von einem hohen Offizier im Verteidigungsministerium diktiert worden war, erlebte nämlich nach anfänglicher Hochkonjunktur einen so drastischen Rückgang ihrer Bundeswehraufträge, daß der Fabrikant Erwin Backhaus sich veranlaßt sah, das Familienunternehmen zu verkaufen, um einen Konkurs zu vermeiden. Sein Generalbevollmächtigter, Dr. Aloys Brandenstein, hatte schon einen potenten Käufer zur Hand: Carl Diehl, für den er nebenher als Vermittler von Granaten- und Zünderaufträgen aus dem In- und Ausland bereits sehr erfolgreich tätig gewesen war. Diehl bezahlte für die Panzerkettenfabrik 7 Millionen DM – viel für ein fast bankrottes Unternehmen, das keine Aufträge mehr hatte, aber wenig im Hinblick darauf, daß sich die Lage des Remscheider Unternehmens nach seinem Verkauf an Diehl rasch und anhaltend besserte. Dr. Brandenstein erhielt übrigens für die Vermittlung des Geschäfts vom Käufer Diehl eine Kommanditbeteiligung an der Backhaus KG im Nennwert von 200 000 DM, die damals rund eine Million Mark wert gewesen sein mag. Außerdem übernahm »Onkel Aloys« dann hauptamtlich, was zuvor sein Nebenerwerb gewesen war: die Vertretung von Diehl-Interessen, unter anderem bei einem interessanten Granatengeschäft mit Portugal im Umfang von rund 77 Millionen DM, bei dem alle Beteiligten, nicht zuletzt der »Onkel«, nicht schlecht verdienten. Die portugiesischen Granaten, die die Bundeswehr zur Förderung der Beziehungen beim NATO-Partner in Lissabon kaufte, waren zuvor in ihren Einzelteilen von Diehl hergestellt und nach Portugal exportiert worden – ein, wie man im Hinblick auf Diehl und seine Partner sagen kann, lohnender Umweg, obwohl er die bundesdeutschen Steuerzahler etwas stärker belastete als unbedingt nötig.

Angemerkt sei noch, daß die Diehl-Gruppe damals als rechte Hand des Firmenchefs einen Generaldirektor hatte, der über glänzende Beziehungen zur Bundeswehr-Spitze verfügte: General a. D. Walther Wenck, nach dem 20. Juli 1944 stellvertretender Generalstabschef des Heeres und Leiter der Operationsabteilung, 1945 sogar Oberbefehlshaber der – dann allerdings nicht mehr existenten – XII. Armee, auf die der in Berlin in seinem Bunker von der Roten Armee eingeschlossene ›Führer‹ seine letzten Hoffnungen gesetzt hatte. Wenck, der bis 1966 in Diehls Diensten stand, war, obwohl Ex-General der Panzertruppe, ein leidenschaftlicher Flieger, und so ist es wohl darauf zurückzuführen, daß die Diehl-Gruppe sich eine eigene Luftflotte hält. Die *Aero-Dienst GmbH Executive Jet Service* in Nürnberg, eine 100prozentige Diehl-Tochter, verfügt über modernste Jets, die auch gechartert werden können, beispielsweise von befreundeten Politikern, die über keine Dienst-Maschine verfügen.

Selbstverständlich werden die Maschinen des Diehl-Aero-Dienst auf das sorgfältigste gewartet und nur von den erfahrensten Piloten geflogen, transportieren sie doch vornehmlich, was in der Passagierluftfahrt »VIPs« genannt wird: *very important persons,* sehr wichtige Persönlichkeiten.

Gerade die bundesdeutschen Konzernherren sind äußerst vorsichtig geworden, seit einer der Ihren im Herbst 1967 mit seiner selbstgesteuerten »King Air«-Maschine tödlich verunglückte. Die Familie des Abgestürzten, der eine noch junge Witwe und fünf Töchter im Alter zwischen sechzehn Jahren und acht Wochen hinterließ, hatte dann rund 200 Millionen DM an Erbschaftsteuer zu entrichten, wozu angemerkt sei, daß es kaum irgendwo weniger harte Erbschaftsteuern gibt als in der Bundesrepublik; in England hätte die Familie den

Gegenwert von mindestens 2000 Millionen DM an das Finanzamt abführen müssen.

Der Name des tödlich verunglückten Industriellen war in der Öffentlichkeit kaum bekannt: Harald Quandt. Höchstens ein paar ältere Leute erinnerten sich noch daran, daß Quandts Mutter Magda geborene Ritschel im Berlin der späten zwanziger Jahre eine gefeierte Society-Schönheit gewesen war, die sich dann von ihrem reichen Gatten scheiden ließ, um 1931 den Nazi-Propagandisten Dr. Goebbels zu heiraten. Tatsächlich war der damals zehnjährige Harald Quandt im Hause Goebbels groß geworden, hatte sich gleich nach dem Abitur – inzwischen war der Zweite Weltkrieg ausgebrochen – zu den Fallschirmjägern gemeldet und war 1944 in Tunesien in englische Kriegsgefangenschaft geraten.

So hatte er den Untergang des Nazi-Reiches überlebt, während seine Mutter und sein Stiefvater kurz vor der Kapitulation sich selbst und ihre sechs kleinen Kinder umbringen ließen. Schon bald nach Kriegsende kehrte Harald Quandt aus der Gefangenschaft zurück, studierte Maschinenbau und – trat als gerade fertiger Diplomingenieur in den Vorstand der Industrie-Werke Karlsruhe AG ein, auch in die Aufsichtsräte einer Vielzahl bedeutender Unternehmen!

Ein Wunder? Keineswegs, denn Harald Quandt hatte ja nicht nur einen im ›Dritten Reich‹ sehr mächtigen Stiefvater gehabt, sondern auch einen Vater, der aus den Resten seines Vermögens, das ihm nach der Scheidung von seiner Frau geblieben war, ein Industrie-Imperium aufgebaut und es sicher durch den Krieg und die erste Nachkriegszeit gebracht hatte.

Noch zu Lebzeiten hatte der Vater, Günther Quandt, seine Aktienpakete auf seine beiden Söhne, auf Herbert, den Älteren aus erster Ehe, und auf Harald, den um elf Jahre jüngeren, übertragen. Zugleich hatte er den Söhnen seine reichen Erfahrungen vermacht, vor allem die, daß das erste Gebot für

Multimillionäre lautet: Du sollst schweigen, jedes Aufsehen vermeiden und niemanden in deine Karten gucken lassen… Nach diesem Gebot haben sich die Quandt-Brüder richten gelernt. Von allen, die ihre Milliarden verstecken – ob sie Werhahn oder Karg oder Finck heißen – waren und sind die Quandts ohne Zweifel diejenigen, die den Umfang ihres Besitzes am besten zu verschleiern verstanden haben, erst recht seine Herkunft: Günther Quandt, der aus der tiefsten Provinz, aus Pritzwalk in der Priegnitz, stammte, wo sein Vater Teilhaber einer Tuchfabrik gewesen war, brachte es als tüchtiger Manager im Ersten Weltkrieg zu einem Heimatposten von großer Bedeutung: Mit erst 36 Jahren wurde er Chef der Reichswoll AG, trat dann in die Dienste des Reichswirtschaftsministeriums und schied dort 1922 aus, offiziell zur Übernahme der Leitung des kleinen Familienunternehmens. Das war auch tatsächlich der Fall, aber nur, sozusagen, nebenbei. In erster Linie wurde er der sehr tüchtige, zuverlässige und diskrete Gehilfe eines der ganz großen Inflationsgewinner jener Tage, dessen Name heute vergessen ist: August Rosterg, und mit ihm zusammen eroberte er das deutsche Kali-Monopol, genauer: den Wintershall-Konzern, der heute mit 10,5 Milliarden DM Jahresumsatz zu den Giganten der Wirtschaft und 100prozentig der BASF gehört.

»Die Geschichte der – Ende 1921 gegründeten – Wintershall AG«, schrieb der Wirtschaftsjournalist Kurt Pritzkoleit schon vor einem Vierteljahrhundert, »würde sich als eine Chronik des Börsengeschäfts, der Manipulationen mit Majoritäten und Sperrminoritäten, der Überrumpelungen, der Wortbrüche und der Kunst darstellen, vollendete Tatsachen zu schaffen, und der nicht geringeren, sie hinzunehmen, die den Fachleuten, die damals jung waren, ein Lächeln seliger Erinnerungen aufs Gesicht zaubern, die Experten von heute jedoch über die ganze Gefühlsskala vom Staunen bis zur Entrüstung jagen wüde…«

Rosterg, der Erbauer von Wintershall, war als zehntes Kind eines Bergmanns 1870 in einem Dorf bei Unna zur Welt gekommen, und die Methoden, die er anwandte, um dem Wintershall-Konzern eine Monopolstellung zu schaffen und selbst die Kontrolle darüber zu behalten, waren nicht gerade fein zu nennen, aber das kümmerte ihn überhaupt nicht. Solange sich seine Transaktionen noch gerade im Rahmen des gesetzlich Erlaubten abspielten, solange sich zumindest nichts Gegenteiliges beweisen ließ, war ihm das Gerede der Leute gleichgültig. Wie Flick und Stinnes suchte er vor allem die Macht, nicht den Ruhm. Die Transaktionen, Börsenmanöver, Täuschungen, gezielten Indiskretionen, diskreten Kulissengeschäfte, Verschachtelungen und Umgruppierungen, die Rosterg und Quandt zusammen durchführten, waren so vielfältig und kompliziert, daß es viele Bände füllen würde, sie zu schildern. Die volle Wahrheit wird ohnehin nie mehr ans Tageslicht kommen; August Rosterg, bis Ende 1944 Mitglied des »Freundeskreises des Reichsführers SS«, dem er damals noch 100 000 RM spendete, wurde kurz nach Kriegsende hochbetagt und natürlich hochgeehrt zu Grabe getragen; Günther Quandt starb 1954 auf einer Geschäftsreise nach Ägypten, und beide haben ihre Geheimnisse mit ins Grab genommen.

Jedenfalls kontrollierten nach beider Tod ihre Erben die gesamte Wintershall-Gruppe: Quandts mit knapp einem Drittel des Aktienkapitals, Rostergs zu mehr als der Hälfte.

Es wäre indessen verfehlt, nun anzunehmen, daß sich Günther Quandt zu Lebzeiten mit dem, was er bei Rosterg lernte und – im doppelten Sinne – ›mitbekam‹, schon zufriedengegeben hätte. Es lag ihm nicht, nur die zweite Geige zu spielen, und so bastelte er nebenher noch ein eigenes Konzernreich zusammen. Den geeigneten Ansatzpunkt fand er in einer alten Akkumulatorenfabrik in Hagen.

Die »Accumulatoren-Fabrik AG« in Hagen, im Börsenjargon einst »Accu-Hagen« genannt, war 1887 als Installations-geschäft von einem Mann gegründet worden, der sich später einen legendären Ruf als »Raubfisch der Elektrobranche« erwarb: Adolph Müller, genannt »Accu-Müller«. Mit einem belgischen Patent und rabiaten Werbe- und Preiskampf-Methoden eroberte er den Markt und vernichtete seine Konkurrenten, deren Betriebe er einen nach dem anderen aufkaufte. Um 1905 hatte er schon eine mitteleuropäische Monopolstellung, wobei allerdings eine Beteiligung von Siemens und AEG an Müllers »Accu-Hagen« der Tribut war, den er den Elektrogiganten zu entrichten hatte.

Nach dem Ersten Weltkrieg ließ das Geschäft plötzlich stark nach, weil die Elektrizitätswerke, die bislang die größten Abnehmer gewesen waren, sich vom Batteriebetrieb auf Überlandzentralen umstellten, andererseits die Automobil-industrie, die ein noch größerer Abnehmer zu werden versprach, in Europa noch nicht mit der Serienproduktion begonnen hatte. In dieser Situation gehörte viel Optimismus dazu, »Accu-Hagen« zu kaufen, und gerade deshalb hatte Günther Quandt zugegriffen.

Von der Mitte der zwanziger Jahre an war er darangegangen, sich behutsam in das alte Unternehmen einzukaufen, wurde Großaktionär, erwarb weitere Aktienpakete und war dann Aufsichtsratsvorsitzer des »Accu-Hagen«-Konzerns geworden. Eine kleine Episode kennzeichnet die Methoden, nach denen er dabei vorgegangen war: Im Sommer 1929 war »Accu-Hagen« an den Börsen zu rasch steigenden Kursen gehandelt worden. Erst wußte niemand, warum, dann hieß es, AEG plane die ›Angliederung‹ des Unternehmens, woraufhin der Kurs noch höher kletterte. Doch dann ließ Quandt bekanntgeben, von einer Übernahme durch AEG könnte keine Rede sein; der rasante Kursanstieg von »Accu-Hagen« wäre ihm unerklärlich. Man werde zwar wieder die normale Dividende zahlen können, aber ansonsten sähe es traurig aus: Das

Akku-Geschäft wäre stark rückläufig, zum einen wegen der Absatzkrise der Autoindustrie, zum andern, weil die Rundfunkindustrie vom Akku- zum Netzanschluß überginge…

Bei dieser pessimistischen Beurteilung der Lage des Unternehmens durch den Aufsichtsratsvorsitzer und bei gleichzeitig so hohen Kursen gab es für die »Accu-Hagen«-Aktionäre natürlich nur eine Entscheidung: rasch verkaufen! Wenig später erfuhren sie, daß »Accu-Hagen«, neben der üblichen Dividende, noch einen 10prozentigen Sonderbonus verteilte, wodurch sich die Ausschüttung mehr als verdoppelte. Auch hieß es nun, das Akku-Geschäft wäre zwar rückläufig, dafür aber hätte sich der Umsatz bei Trockenbatterien enorm gesteigert und würde weiter steigen. Die ehemaligen Aktionäre fielen aus allen Wolken, als sie diese Neuigkeit erfuhren. Sie fühlten sich getäuscht, und die Presse beschuldigte das »Accu-Hagen«-Management, selbst Aktien aufgekauft zu haben – ein Vorwurf, der von Quandt, dem Aufsichtsratsvorsitzenden, energisch zurückgewiesen wurde. Schließlich hatte ja tatsächlich nicht die Unternehmensleitung, sondern er selbst die alten Aktionäre düpiert und hinausgedrängt, gleichzeitig ihre Anteile aufgekauft und war nun alleiniger Herr des Unternehmens…!

So kommt es, daß noch heute die Quandts – im speziellen Falle Sonja, Sabina und Sven Quandt – die maßgeblichen Großaktionäre des Unternehmens sind, das aus der alten »Accu-Hagen« hervorgegangen ist, nämlich der *Varta AG*, deren Aufsichtsrat sie mit vier der insgesamt sechs Aktionärsvertreter besetzt halten. »Varta« zählt mit 1,6 Milliarden DM Jahresumsatz 1983 noch immer zu den großen Konzernen, auch nachdem – wie es im Aktienführer heißt – »1977 im Zuge der Realteilung die Ausgliederung der Busch-Jaeger Gesellschaft für Industriebeteiligungen AG und der Ceag-Dolomit AG in bereits zur Verfügung stehende Holdinggesellschaften« erfolgte.

Was die »CEAG Industrie-Aktien und Anlagen AG« betrifft, so ist diese Unternehmensgruppe ebenfalls ein von Quandt-Erben beherrschter Konzern. Dagegen heißt es über einen anderen Industriegiganten, die *Industrie-Werke Karlsruhe Augsburg AG*, kurz IWKA genannt und einst 100prozentiger Quandt-Besitz, in allen gebräuchlichen Nachschlagewerken: »Die Aktien sind breit gestreut«, obwohl mit Sicherheit eine maßgebende Quandt-Beteiligung besteht. IWKA macht mit »Maschinen« knapp 800 Millionen DM Jahresumsatz, doch zu seinen wichtigsten Beteiligungen gehören die KUKA Schweißanlagen + Roboter GmbH, die KUKA Umwelttechnik GmbH, beide in Augsburg; die »Regel und Meßtechnik« GmbH, Kassel; die IWKA Stahlflaschen GmbH, Karlsruhe; die IWKA Verpakkungstechnik GmbH, Karlsruhe sowie noch manches andere, und die meisten dieser Töchterunternehmen haben ihrerseits Töchter, von denen eine, die KUKA Wehrtechnik GmbH in Augsburg, wieder in den Rüstungsbereich zurückführt.

Eine andere Perle aus dem Quandt-Nachlaß an Industriejuwelen, die Mauser-Werke AG in Oberndorf am Neckar (vormals Deutsche Waffen- und Munitionsfabriken), sind an die Diehl-Gruppe abgegeben worden. Aber dafür produziert die Quandt-Gruppe bei VARTA und anderswo noch manches, was ebenfalls mit »»Wehrtechnik« bezeichnet werden könnte.

Indessen reichen die Quandt-Interessen auch in den Chemie- und Pharma-Bereich: *Byk Gulden Lomberg Chemische Fabrik GmbH*, Konstanz, heißt die alte Holding auf diesem Sektor, die heute aber von einer Obergesellschaft, der *Altana*, kontrolliert wird, und zwar zu 100 Prozent. Unter dem Altana-Dach werden 1,3 Milliarden DM jährlich im Pharma-Bereich umgesetzt; außerdem gehören 100prozentig zum Altana-(Quandt-)Konzern: die »Milupa« AG in

Friedrichsdorf, die Wildfang Metallwerk GmbH in Gelsenkirchen und die Rhenania Chemische Gesellschaft mbH in Grevenbroich.

Den gesamten, zum Teil mit unerhört viel Phantasie versteckten heutigen Quandt-Besitz zu ermitteln und aufzuzählen, wäre auch für einen erfahrenen Bank- und Börsenfachmann ein langwieriges, am Ende mit Sicherheit scheiterndes Unternehmen, zumal die Quandts eine Vielzahl von Anlagegesellschaften, darunter etliche mit Sitz im Ausland, gegründet haben. Mit Sicherheit läßt sich nur sagen, daß sie, außer beim Gerling-Vesicherungs-Konzern, noch eine zweite Großunternehmens-Beteiligung haben, die an Wert alle anderen übersteigt: Sie sind mit mindestens 40 Prozent an der *Bayerischen Motoren-Werke AG* (BMW) beteiligt, wo 1983 über 14 Milliarden DM umgesetzt wurden, und es gibt dort keinen anderen Großaktionär als sie. Das Aktienkapital von BMW beträgt gegenwärtig 600 Millionen DM, sein Börsenkurs liegt bei etwa dem 4,2fachen, so daß der Quandt-Anteil bei BMW, bei einem angemessenen Paketzuschlag, mit rund 1,5 Milliarden DM bewertet werden kann.

Wie reich Familie Quandt insgesamt ist, läßt sich nicht einmal schätzen; allenfalls kann man mit einiger Gewißheit sagen, daß sie mehrfache Milliardäre sind. Und wie bei ihnen, so ist es auch bei dem so verschwiegenen Familienkonzern von Diehl (Umsatz 1983: 1,8 Milliarden DM) und bei den meisten anderen, die im folgenden *ABC des großen Geldes* aufgezählt sind und die im wesentlichen nur dreierlei gemeinsam haben: Reichtum, Macht und den Wunsch, beides mit Hilfe befreundeter Politiker noch zu vermehren.

Vorbemerkung zum
»ABC des großen Geldes«

Auf den folgenden Seiten sind die Superreichen der Bundesrepublik Deutschland in alphabetischer Reihenfolge verzeichnet, von Abs bis Zichy-Thyssen, auch diejenigen, die bisher in den vorausgegangenen Kapiteln nicht erwähnt wurden. Das Verzeichnis erhebt jedoch keinen Anspruch auf Vollständigkeit. Sollte der eine oder andere Krösus seinen Namen vermissen – eine kurze Mitteilung an den Autor genügt; in der nächsten erreichbaren Auflage wird das Versäumnis nachgeholt werden. Das gilt natürlich auch umgekehrt für etwaige Fehleinschätzungen: Wer meint, er sei nicht (oder nicht mehr) vermögend genug, in diesem ABC des großen Geldes genannt zu werden, möge es ebenfalls den Autor wissen lassen. Die sorgfältige Prüfung jeder Reklamation und gegebenenfalls die schnellstmögliche Berichtigung wird zugesichert.

Die Sternchen vor den jeweiligen Familiennamen zeigen an, wann eine Vermögensbildung größeren Ausmaßes im betreffenden Fall begonnen hat. Es bedeuten:

✻✻✻✻✻ vor der Französischen Revolution von 1789;

✻✻✻✻ zwischen 1790 und 1870, also in der Ära Napoléons I., der beginnenden Industrialisierung, jedenfalls vor der Gründung des Deutschen Reiches;

✻✻✻ zwischen 1871 und 1914, also im Wilhelminischen Kaiserreich vor dem Ersten Weltkrieg;

✻✻ zwischen 1914 und 1932, also im Ersten Weltkrieg oder danach, in der Weimarer Republik, aber vor Hitlers Machtübernahme;

✻ zwischen 1933 und 1945, also während der Nazi-Zeit und des Zweiten Weltkriegs.

Kein Stern vor dem Namen bedeutet, daß die Vermögensbildung erst nach dem Ende des Zweiten Weltkriegs begonnen hat, die betreffende Familie also zu den ›Newcomern‹ gehört.

Vermögen, die einschließlich Grund- und Auslandsbesitz auf ungefähr eine Milliarde (1 000 000 000 DM) Deutsche Mark geschätzt werden, sind durch einen dicken Punkt (●) vor dem Familiennamen besonders gekennzeichnet; mehrere Punkte, z.B.

●●●●●● FLICK,
**

zeigen die ungefähre Anzahl von Milliarden DM an, auf die das betreffende Vermögen geschätzt wird – wohlgemerkt: geschätzt, entsprechend den vorhandenen Informationen und sorgfältiger Berücksichtigung der Verkehrswerte von Immobilien, Geschäftsanteilen oder Aktien in- und ausländischer Unternehmen sowie sonstigen Vermögenswerten der *Familie,* also auch derjenigen, die nicht Haupterben sind und abgefunden wurden.

Soweit in den vorangegangenen Kapiteln Näheres über die betreffende Familie und ihr Vermögen mitgeteilt wurde, ist am Schluß des Eintrags ein &-Zeichen in Klammern gesetzt: (&); die betreffende Seitenzahl findet sich im Namensregister auf den letzten Seiten dieses Buchs.

Schließlich sei noch darauf hingewiesen, daß die Aufnahme in dieses ABC des großen Geldes eine geschätzte Untergrenze des Familienvermögens von mehreren hundert Millionen DM voraussetzt; daß dies aber keineswegs bedeuten muß, daß jeder einzelne Angehörige dieser Familie über ein so hohes Einzelvermögen verfügt. Mitunter müssen sich, z.B. bei den Erben des Haniel-Vermögens, mehrere hundert Personen in die Hinterlassenschaft des reichen Ahnherrn, im Falle Haniel des Mitgründers des Gutehoffnungshütte-Konzerns, teilen, und sie haben häufig – durch Heiraten weiblicher Erben – andere Familiennamen, als zur Kennzeichnung des Familienvermögens angegeben ist.

Insgesamt stellt das folgende ABC des großen Geldes nichts anderes dar als den Versuch, dem Leser einen ungefähren Überblick über den Umfang und die Verteilung der größten Privatvermögen unseres Landes zu geben.

Das ABC des großen Geldes

*** **ABS**
Hermann Josef Abs, geb. 1901:
Langjähriger Vorstandsvorsitzer und nunmehriger Ehrenvorsitzer der Deutschen Bank AG; vielfacher Aufsichtsratsvorsitzer und -Ehrenvorsitzer, u.a. bei Daimler-Benz, RWE, Lufthansa, Hoesch, Dahlbusch, Salamander, Südzucker usw.
Familie A. bereits vermerkt im »Jahrbuch der Millionäre« von 1913.
(&)

***** **ADELMANN**, Grafen v. und zu Adelmannsfelden
1. Linie: Guilleaume-Erben, 3. Linie: Haniel-Erben (s. diese).
(&)

● **ALBRECHT**
Karl und Theo A. sind Eigentümer des aldi-Konzerns (Handelsumsatz 1983: rund 15 Milliarden DM)
(&)

●● **ARENBERG**, Herzöge und Prinzen von,
***** Großgrundbesitzer in Nordrhein-Westfalen, sehr umfangreicher Immobilien- und Aktienbesitz in Westeuropa und Lateinamerika.
(&)

AUGSTEIN
Rudolf A.: Gründer und Herausgeber des Nachrichtenmagazins »Der Spiegel« (seit 1947), an dessen Verlag er maßgeblich beteiligt ist.

***** BADEN, Markgrafen von
Großgrundbesitzer in Baden-Württemberg, Industriebeteiligungen.
(&)

**** BAGEL
A. Bagel Graphischer Großbetrieb, Düsseldorf, gegr. 1801, A. Bagel Verlag; Papierfabrik A. Bagel, Ratingen; Papierfabrik Hermes & Cie, Düsseldorf. Tiefdruck Schwann-Bagel GmbH, Düsseldorf (50%). Frau Ilse Bagel geb. Henkel: s. Henkel-Erben.

*** BAHLSEN
H. Bahlsen Keksfabrik KG, Hannover (100% Familienbesitz; Welt-Umsatz 1983: 1,3 Milliarden DM)
(&)

BANDEMER, v., s. Knorr-Erben

*** BARESEL
C. Baresel AG, Stuttgart, gegr. 1876 (überw. Familienbesitz)
(&)

*** BAUER
Heinrich Bauer Verlag, Hamburg (100% Familienbesitz) (Umsatz 1983: über 2 Milliarden DM)
(&)

• BAYERN, Herzöge und Prinzen von sowie
***** Herzöge in,
Haus Wittelsbach, Großgrundbesitz in Bayern, Wittelsbacher Ausgleichsfonds, u.a. beteiligt an Bayer. Vereinsbank AG; Herzöge in B.: Herzogl. Brauhaus Tegernsee, Wildbad Kreuth, umfangr. Grundbesitz. Prinz Konstantin v. Bayern, MdB (CSU).

BECHER
Kurt A. Becher GmbH & Co KG, Bremen
(Handelsumsatz 1983: Über 1 Milliarde DM;
100 % in Familienbesitz)
Anm.: Der Inhaber, vor 1933 Angestellter in
einer Getreidefirma, war Leiter des Wirtschafts-
stabs der SS in Ungarn, Sonderbeauftragter
Himmlers und Vorgesetzter Adolf Eichmanns.
(&)

***** BENECKE
J. H. Benecke GmbH, Hannover (»acella«),
gegr. 1718 (100 % im Besitz d. Familien B.,
Burgtorf, Schwarz)

** BENTELER
Benteler-Werke AG (Gruppen-Umsatz 1983:
1,8 Milliarden DM) und zahlreiche Industriebeteiligungen (100 % Familienbesitz).

***** BENTHEIM, Fürsten zu
Großgrundbesitzer

• BENTZ
*** Melitta-Werke Horst Bentz & Sohn, Minden
(100% Familienbesitz), zahlr. Tochterunternehmen, (Gruppen-Umsatz 1983: 1,8 Milliarden
DM).
(&)

BERTELSMANN siehe Mohn

*** BIRKEL
B. Birkel Söhne GmbH, Weinstadt, gegr. 1874;
(Umsatz 1984: nahe 500 Millionen DM, 100 % in
Familienbesitz)
Anm.: Produkte der Firma mit der Markenbe-
zeichnung »7 Hühnchen« wurden 1985 von der
staatlichen Lebensmittelüberwachung bean-
standet.

●●● BISMARCK, Fürsten von,
*** Großgrundbesitzer bei Hamburg (Sachsenwald)
Otto 3. Fürst v. B. MdB (CDU).
(&)

*** BLOHM-Erben
Blohm & Voss AG, Hamburg (ca. 25% Familienbeteiligung, im Aufsichtsrat vertreten durch Ernst-Christian Freiherr v. Werthern, verheiratet mit Etta Blohm)
(Umsatz 1983: 1,6 Milliarden DM)
Messerschmidt-Bölkow-Blohm (MBB) GmbH, Ottobrunn, (Umsatz 1983: 5,9 Milliarden) (Fam.-Beteiligung: 0,7%)

●● BOCH-GALHAU, v.
***** Großgrundbesitzer
Villeroy & Boch, Mettlach, gegr. 1748 (Gruppenumsatz 1983: 1,2 Milliarden DM; 100% Familienbesitz) Tochtergesellschaften im In- und Ausland, z.B. Heinrich Porzellan GmbH, Selb. Beteiligungen, u.a. an Gerling Versicherungsgruppe.

●● BOEHRINGER
*** C. H. Boehringer Sohn, Ingelheim, gegr. 1885 (Gruppen-Umsatz 1983: 2,6 Milliarden DM; 100% im Besitz der Boehringer-Erben: Familien Boehringer, Liebrecht, v. Baumbach)

***** BOESELAGER, Freiherren v.,
Großgrundbesitzer in Nordrhein-Westfalen, Philipp Frhr. v. B.: Vorsitzender der Arbeitsgemeinschaft Deutscher Waldbesitzerverbände e.V.

BOHLEN und Halbach siehe Krupp-Erben

●●●● **BOSCH**
*** Robert Bosch GmbH, Stuttgart, gegr. 1886 (100% in Familien- (ca. 18%) u. Stiftungs-Eigentum)
(Umsatz 1983: 14,3 Milliarden DM)
direkt beteiligt an: Blaupunkt (75%), Bosch-Siemens Hausgeräte (50%), TN (über 25%) usw.
indirekt beteiligt an: Daimler-Benz, MBB usw.
(&)

BRAAS
Braas & Co GmbH, Frankfurt (über 40% in Besitz der Familie Braas, Dressel und Dyckerhoff)
(Gruppen-Umsatz 1983: 1,1 Milliarden DM)

BRANDENSTEIN-ZEPPELIN, Grafen v., s. Zeppelin-Erben

** **BRAUN**
Triumph International Spießhofer & Braun
(Umsatz 1983: 1,2 Milliarden DM)
(mehrheitlich im Eigentum der Familie Braun)

●● **BRENNINCKMEYER**
**** C. & A. Brenninckmeyer, gegr. 1841 (100% in Familienbesitz)
(Umsatz 1983: 6,3 Milliarden DM)
Umfangreicher und sehr wertvoller Immobilienbesitz.

BROST
Westdeutsche Allg. Zeitungsverlagsges. E. Brost & J. Funke GmbH & Co, Essen (WAZ-Gruppe)
(50% bei Brost)
Die WAZ-Gruppe ist ihrerseits mit 25% beteiligt am Otto-Versand, Hamburg, sowie an den Otto-Immobiliengesellschaften.
(&)

BUCERIUS
Dr. Gerd Bucerius, Hamburg:
Inhaber der Zeitverlag Gerd Bucerius KG (»Die
Zeit«)
Beteiligt mit 10,7% am Bertelsmann-Konzern,
damit auch indirekt beteiligt (mit knapp 8%) an
Gruner & Jahr (»stern«, »Brigitte«, »Capital«,
»Schöner Wohnen«, »Geo«, »art«, »essen und
trinken« usw.).

● BURDA
Burda GmbH, Offenburg (Umsatz 1983: 885
Millionen DM) (»Bunte« usw.) (100% Familien-
besitz)
Axel Springer-Verlag AG (Umsatz 1983: 2,4 Mil-
liarden DM, Burda-Beteiligung: 24,9%)

***** CASTELL, Fürsten zu,
Großgrundbesitzer, Weingüter, Bankbeteiligungen (u.a. an Bayer. Vereinsbank AG, Südd. Bodencreditbank, Bayer. Versicherungsbank)
Fürstl. Castell'sche Bank Credit-Casse.
siehe auch: Faber-Castell

*** CLAAS
Claas OHG, Harsewinkel (100% in Familienbe-
sitz)
(Gruppenumsatz 1982/83: knapp 1 Milliarde
DM)

● CLOPPENBURG
*** Peek & Cloppenburg KG, Düsseldorf (100% in
Familienbesitz)
Umfangreicher und sehr wertvoller Grundbesitz,
zahlreiche Bank- und Industriebeteiligungen.

***** COLSMAN
Gebr. Colsman, Essen, gegr. 1750
Concordia-Spinnerei u. Weberei, Langenberg
(90%)

Conze & Colsman, Langenberg
Pfeifer & Langen, Köln, gegr. 1870:
pers. haft. Gesellschafter: Dr. Albrecht Colsman
(Umsatz 1984: 880 Millionen DM) zahlr. Beteiligungen.

•• COUTINHO
***** Früher im Besitz der Coutino, Caro & Co,
Hamburg,
(Gruppen-Umsatz 1983: 2,4 Milliarden DM)
Weltweite Beteiligungen.

***** CROY, Herzöge von,
Großgrundbesitzer in Nordrhein-Westfalen.

**** DARBOVEN
J. J. Darboven, Kaffeeimport und -handel,
Hamburg
(Umsatz 1983: 250 Millionen DM; 100% in Familienbesitz)

• DASSLER
adidas Sportschuhfabriken Adi Dassler Stiftung
& Co KG, Herzogenaurach (100% in Familienstiftungsbesitz)
(Weltumsatz der adidas-Gruppe 1983: 3,7 Milliarden DM)
Puma Sportschuhfabriken Rudolf Dassler KG,
Herzogenaurach, (100% in Familienbesitz)

*** DEILMANN
C. Deilmann AG, Bad Bentheim (Familie D.:
74,9%)
Deutag Deutsche Tiefbohr-AG (Familie D.:
74,9%)
Braunschweigische Maschinenbauanstalt (97%)
Deilmann-Haniel GmbH, Dortmund (74%)
Dr. Jürgen Deilmann: Aufsichtsratsmitgl. Erdgas-Verkaufsgesellschaft mbH, Münster; Welt-

gas GmbH, Marl; Uranerzbergbau GmbH, Bonn.
Deilmann-Gruppenumsatz 1983: über 1 Milliarde DM.
Zahlreiche Industrie- und Handelsbeteiligungen.

- DIEHL
  Diehl GmbH & Co KG, Nürnberg (100% Familienbesitz; Gruppen-Umsatz 1983: 1,8 Milliarden DM)
  Sommer 1985: Erwerb der Mehrheit von Krauss-Maffei (Umsatz: 1,2 Milliarden DM) zusammen mit MBB.

**** DIERIG
Christian Dierig AG, Augsburg, früher Oberlangenbielau, gegr. 1805 (100% in Familienbesitz; Gruppenumsatz 1983: ca. 800 Millionen DM)

DORNIER-ERBEN
Dornier GmbH, Friedrichshafen
(Konzernumsatz 1983: 1,25 Milliarden DM; bis 1985 zu 100% in Familienbesitz)

*** DRÄGER
Drägerwerk AG, Lübeck (Umsatz 1983: 672 Millionen DM; maßgebliche Beteiligung der Familie D.)

***** DROSTE ZU VISCHERING, Grafen von, Großgrundbesitzer (über 12 000 Hektar, verteilt auf zwei Linien)

*** DÜRR
Dürr Automation + Fördertechnik GmbH
Dürr Anlagenbau GmbH
Dürr GmbH, Stuttgart (Gruppenumsatz 1983: 550 Millionen DM; 100% in Familienbesitz)
Zahlreiche in- und ausl. Beteiligungen.

**** DYCKERHOFF
Dyckerhoff Zementwerke AG, Wiesbaden (Umsatz 1983: knapp 1 Milliarde DM, maßgebliche Beteiligung der Familiengruppe Dyckerhoff)

**** ECKES
Peter Eckes KGmbH, Nieder-Olm (100% Familienbesitz Eckes-Chantré, Umsatz 1983: über 1 Milliarde DM)
(&)

*** ENGELHORN
Boehringer Mannheim GmbH (Umsatz 1983: 1,1 Milliarden DM, 100% Familieneigentum Engelhorn)

***** ERBACH, Fürsten und Grafen zu,
Großgrundbesitz (über 20 000 Hektar)

● FABER-CASTELL, Grafen von,
***** A. W. Faber-Castell, Stein b. Nürnberg, gegr. 1761 (100% Familienbesitz, 4000 Beschäftigte) Umfangreiche Beteiligungen (Nürnberger Versicherungsgruppe, Vereinsbank in Nürnberg), Großgrundbesitz.

●●●●●● FINCK, v.
*** Bankhaus Merck, Finck & Co, München (Bilanzsumme 1983: 2,5 Milliarden DM, 100% in Familienbesitz)
Großgrundbesitz von außergewöhnlichem Wert in und nahe München; Beteiligungen u.a. an Löwenbräu AG (über 90%), Isar-Amper-Werke (ca. 35%), Waldthausen & Co; Hochtief AG (über 25%), DSK-Bank (100%), Markt- u. Kühlhallen AG, Hamburg (über 25%), Würzburger Hofbräu AG (über 50 %); Südd. Bodencreditbank (ca. 8%) usw.
Die früher maßgeblichen Beteiligungen an der

Allianz-Münchner-Rück-Versicherungsgruppe
und Minderheitsbeteiligung an der Bayer. Vereinsbank AG bestehen entweder nicht mehr oder
sind stark verringert worden.
(&)

●●●●●●● FLICK
** Dr. Friedrich Karl Flick: Alleininhaber der
Flick-Gruppe:
Dynamit-Nobel AG, Troisdorf;
Buderus AG, Wetzlar;
Feldmühle AG, Düsseldorf; etc.
ca. 10% Beteiligung an der Daimler-Benz AG
sowie an rund 180 weiteren Unternehmen des In-
und Auslands, darunter eine ca. 30%ige Beteili-
gung am Grace-Konzern (USA).
(&)

●● FREUDENBERG
**** Carl Freudenberg KG, Weinheim (Umsatz 1983:
1,2 Milliarden DM, 100% in Familienbesitz)
Wichtigste Beteiligungen: Elefanten-Schuh-
Gruppe; Vileda-Gruppe; Conrad Tack, Offen-
bach; Klüber-Gruppe, München; Naturin-Werk
Becker & Co, Weinheim; Simrax GmbH, Wein-
heim; F&O electronic systems, Neckarsteinach;
Frema-Werk, Augsburg; Gulde, Ludwigshafen.
Umfangreiche Beteiligungen auch im westeuro-
päischen Ausland und in Übersee.

●● FROWEIN
***** Frowein & Co, Wuppertal, gegr. 1763
Rheinische Textilfabriken AG, Wuppertal
Umfangreiche Beteiligungen, u.a. an Kaufhof
AG
Harald Frowein: Mitglied des Aufsichtsrats der
Kaufhof AG, Beirat des Gerling-Konzerns.

•• FÜRSTENBERG, Fürsten zu,
***** Großgrundbesitz (knapp 20 000 Hektar) in
Baden-Württemberg, Fürstl. Fürstenbergsche
Brauerei, Donaueschingen; Schwäbische Haus-
gut Papierfabrik, Titisee; Säge- und Holzwerk,
Hüfingen; Autohaus Freiburg GmbH; Auto-
haus Fürst Fürstenberg, Baden-Baden; Umfang-
reiche Bank- und Versicherungs-Beteiligungen.

***** FÜRSTENBERG, Grafen von,
Großgrundbesitz (ca. 15 000 Hektar) in Nordrhein-Westfalen.

• FUGGER, Fürsten und Grafen von
***** Großgrundbesitz in Bayern, umfangreicher, au-
ßergewöhnlich wertvoller Schloß- und Kunstbesitz.
Fürst Fugger-Bank, Augsburg, gegr. 16. Jahrh.

**** FUNKE
Funke-Erben beteiligt an:
W.&O. Bergmann KG, Düsseldorf (Metallhan-
delsumsatz 1983: 2,3 Milliarden DM);
WAZ-Gruppe E. Brost & J. Funke, Essen, über
diese beteiligt an: Otto-Versand, Hamburg; Kie-
kert GmbH, Heiligenhaus usw.

GEMMINGEN-HORNBERG, Freiherren v.,
siehe Röchling- und Siegle-Erben.

• GERLING
** Dr. Hans Gerling: 49% Beteiligung der »Gruppe
Dr. Hans G.« am Gerling-Konzern.
Als infolge immenser Verluste bei spekulativen
Devisentermingeschäften das Kölner Bankhaus
I. D. Herstatt geschlossen werden mußte, an
dem G. maßgeblich beteiligt war, mußte auch
der G-Versicherungskonzern gestützt werden.
Seither besteht bei dem zuvor 100prozentigen

Familienunternehmen eine 51%-Beteiligung der Versicherungsholding der Deutschen Industrie, an der Flick maßgeblich beteiligt ist. Ebenfalls – entweder direkt oder über die Industrieholding – sind am G.-Konzern beteiligt: Quandt, Oetker, Klöckner, Dierig, VW, BASF, Villeroy & Boch u. a.

**** GOLDSCHMIDT-Erben
Th. Goldschmidt AG, Essen (Umsatz 1983: 516 Millionen DM; maßgebliche Beteiligung der Erben von Dr. Karl G.)

*** GRILLO
Grillo-Werke AG, Duisburg, 100% in Familienbesitz, zahlreiche Tochtergesellschaften und Beteiligungen; Grillo-Grundstücksverwaltung, Essen; Grillo-Handelsgesellschaft, Duisburg-Hamborn, pers. haft. Gesellschafterin: Adelheid Maria Grillo.

GRUNDIG
Grundig AG, Fürth (Umsatz 1983: über 3 Milliarden DM) Beteiligung der Familie des Firmengründers Max G. mit 7,2 %; Max Grundig-Stiftung: 9,2%; Grundig EMV holländ. Stiftung & Co KG, Fürth: 76,5%; Philips 7,1%) Konsul Max G.: Vorsitzender d. Vorstands der M.G.-Stiftung; Vors. des Aufsichtsrats der Grundig-Bank GmbH.

GRUNER
früher beteiligt an Gruner & Jahr, Hamburg; seit 1970 mit 180 Millionen DM Verkaufserlös in Ronco bei Ascona (Tessin).

● GUTTENBERG, Freiherren von und zu,
***** Großgrundbesitzer in Franken
Frhl. von u. zu G'sche Hauptverwaltung der

zusammengefaßten land- und forstwirtschaftlichen, Weinbau- u. Kurbetriebe, Neustadt/Saale: 100% in Familienbesitz, Weingut Reichsrat v. Buhl, Deidesheim (100%)
s. auch Arenberg, Stauffenberg
(&)

***** HAHN, Grafen v.
Großgrundbesitz in Schleswig-Holstein

**** HAINDL
Haindl Papier GmbH, Augsburg (Umsatz 1983: über 1 Milliarde DM; 100% im Eigentum der Familien Haindl u. Holzey)
Marie Luise H.: 10% Beteiligung am Bankhaus August Lenz & Co, München.

●●●●● HANIEL-Erben
***** Franz Haniel & Cie, Duisburg, gegr. 1756, 100% in Familienbesitz (Handelsumsatz 1983: 8,7 Milliarden DM), Gutehoffnungshütte Actienverein AG, Oberhausen (Industrieumsatz 1983: 15,9 Milliarden DM; früher mehrheitlich im Eigentum der Gründerfamilien H., Huyssen und Jacobi) maßgebliche H.-Beteiligung am Metro-SB-Konzern (Handelsumsatz 1983: rund 12 Milliarden DM)
Klaus Haniel, geb. 1916: Vertreter der H.-Interessen in den Aufsichtsräten zahlreicher Gesellschaften.

***** HANNOVER, Prinzen von, Herzöge zu Braunschweig und Lüneburg (Welfen),
Großgrund- und sehr wertvoller Kunstbesitz, zahlreiche Industrie- und Bankbeteiligungen, umfangreicher Auslandsbesitz.

***** HARDENBERG, Grafen von,
Großgrundbesitzer in Niedersachsen.

***** HATZFELD, Fürsten von,
Großgrundbesitz in Nordrhein-Westfalen,
s. auch Stumm-Erben.

HAUB, siehe Schmitz-Scholl-Erben

*** HEITKAMP
E. Heitkamp Baugesellschaft, Herne (Gruppen-
Umsatz 1982: 1,2 Milliarden DM; 100% Fami-
lienbesitz)

***** HENCKEL von Donnersmarck, Fürsten und
Grafen,
ehemals Industriemagnaten und Großgrundbesitzer in Oberschlesien usw., wofür sie im Rahmen des Lastenausgleichs Entschädigung erhielten; mehrere Industrie- und Bankbeteiligungen
blieben erhalten, ebenso Grundbesitz in Westdeutschland.

●●●●● HENKEL
*** Henkel & Cie, Düsseldorf (Industrie-Umsatz
1983: 8,5 Milliarden DM; 100% in Familienbesitz)
DEGUSSA, Frankfurt (Industrie-Umsatz 1983:
11,1 Milliarden DM; Henkel-Beteiligung: ca.
40%)
Metallgesellschaft, Frankfurt (Industrie-Umsatz
1983: knapp 11 Milliarden DM; Henkel-Beteiligung: ca. 10%)
Zahlreiche sonstige Beteiligungen; sehr umfangreicher Grundbesitz.
(&)

**** HENKELL
Sektkellereien Henkell & Co, Wiesbaden
(100% in Familienbesitz; zahlreiche Industriebeteiligungen, umfangreicher Grundbesitz)

HENLE, s. Klöckner-Erben

- **HERAEUS**
  ****
  W. C. Heraeus GmbH, Hanau (Industrie-Umsatz 1983: 2,7 Milliarden DM; 100% in Familienbesitz)
  zahlreiche Tochterunternehmen.

- ● ● ● **HERZ**
  tchibo-Frisch-Röst-Kaffee AG, Hamburg (Umsatz 1983: knapp 2 Milliarden DM; 100% in Familienbesitz);
  Reemtsma-Gruppe (Zigaretten und Bier; Industrie-Umsatz 1983: 6,2 Milliarden; Herz-Beteiligung 46%, einschl. des Anteils von Ingeburg Herz: 53%)
  Beiersdorf-AG (Industrie-Umsatz 1983: 2,4 Milliarden; Herz-Beteiligung: 27%)
  (&)

- **HORTEN**
  **
  Horten AG (Handelsumsatz 1983: 2,6 Milliarden DM; früher im Alleineigentum von Helmut H., heute bei Lugano wohnhaft)
  (&)

- **HOLTZBRINCK, v.**
  Holtzbrinck-Gruppe (Umsatz im Medienbereich 1983: 1,2 Milliarden DM; 100% in Familienbesitz)
  (&)

- **HOHENLOHE, Fürsten zu,**
  *****
  Großgrundbesitzer in Süddeutschland, Industrie- und Bankbeteiligungen.
  Kraft Fürst zu Hohenlohe-Oehringen verheiratet mit Katharina v. Siemens (s. Siemens)

- **HOHENZOLLERN-SIGMARINGEN, Fürsten zu,**
  *****
  Großgrundbesitzer, eigene Industriebetriebe, einige Industrie- und Bankbeteiligungen.

195

HUYSSEN s. Haniel-Erben

● IMHOFF
Sprengel GmbH, Hannover (100% in I.-Familienbesitz)
Stollwerk AG, Köln (93% in I.-Familienbesitz)
Hildebrand Kakao- u. Schokoladenfabrik, Berlin (100%)
Concordia-Chemie AG, Oberhausen (94% I.-Familienbes.)
Zahlreiche weitere Beteiligungen:
ESZET Schokoladen GmbH, Köln; IMHOFF-Schokoladen GmbH, Köln; HEINZ Feine Fleisch- u. Wurstwaren, Andernach; WALD-BAUR Schokoladen GmbH, Köln; CAESAR Offsetdruckerei und Verlag, Traben-Trarbach usw.

***** INN- UND KNYPHAUSEN, Fürsten von, Großgrundbesitz in Niedersachsen.

JACOBI siehe Haniel-Erben

●●
*** JACOBS
Jacobs Erzeugnisse GmbH & Co KG, Bremen, Kaffeerösterei;
Jacobs Service GmbH & Co KG, Bremen;
Johann Jacobs GmbH & Co KG, Berlin;
Jacobs International Manufacturing GmbH & Co KG, Bremen usw., sämtlich im Eigentum der Jacobs Service AG, Zürich, und über diese im Eigentum der Familie J.

JAHR
Verlag Gruner & Jahr, Hamburg (Umsatz 1983/84: 2,1 Milliarden DM; 25,1% Eigentum von John J.)

*** KÄSSBOHRER
K. Kässbohrer Fahrzeugwerke, Ulm (Umsatz
1983: 1,4 Milliarden DM; 100% im Familienbesitz K.)

••• KARG
* Herti Waren- und Kaufhaus GmbH
Wertheim-Kaufhäuser, KaDeWe, bilka-Kauf-
häuser; Umsatz 1983: über 6 Milliarden DM,
100% in K.-Familienbesitz
(&)

KIEP siehe vom Rath-Erben

KIPP
Firmengruppe Karl-Heinz Kipp (Massa), Alzey,
(Umsatz 1983: rund 4 Milliarden DM weltweit)

*** KLEIN-KÜHBORTH
Klein, Schanzlin & Becker AG, Frankenthal
Klein-Pumpen GmbH, Frankenthal
(Gruppen-Umsatz 1983: ca. 1 Milliarde DM;
100% im Eigentum der Familienstiftung u. der
Familie K.)

••• KLÖCKNER-Erben (Henle)
*** Klöckner-Werke AG, Duisburg (Umsatz 1983:
6,5 Milliarden DM; Familienanteil: ca. 40%)
Klöckner-Humboldt-Deutz AG (KHD-Kon-
zern), Köln, (Umsatz 1983: 4,8 Milliarden DM;
ca. 40% Familienanteil)
Klöckner & Co, Duisburg (Handelsumsatz
1983: 9,4 Milliarden DM; 100%ig in Familien-
und Familienstiftungseigentum)
Mietfinanz GmbH, Mülheim/Ruhr (25,25%
Klöckner-Anteil) Aufsichtsratsvorsitz: Chri-
stian-Peter Henle.
(&)

*** KNORR-Erben (v. Bandemer)
Knorr Bremse KG Berlin-München (Gruppen-Umsatz 1983: 1,4 Milliarden DM; 100% in Familienbesitz)
Süddeutsche Bremsen-AG, München (100% Knorr)

**** KÖNIG
König-Brauerei KG, Duisburg, gegr. 1858
(100% in Besitz der Familie K.)

**** KOOLMAN TEN DOORNKAAT
Doornkaat AG, Norden (Umsatz um 200 Millionen DM; 100% in Familienbesitz)
Umfangreiche in- und ausländische Beteiligungen.

*** KRANTZ
H. Krantz GmbH & Co, Aachen;
(Industrieumsatz in der BRD: 250 Millionen DM; 100% in Familienbesitz)
Tochter- u. Organgesellschaften: Krantz America Inc., Charlotte, NC; Krantz Nederland BV, Maastricht; Aeromatik Apparatebau GmbH, Jülich.

• KRISTINUS
** Martin Brinkmann AG, Bremen (Umsatz 1983: 2,6 Milliarden DM; Minderheitsaktionär: Dr. Friedrich Kristinus, Mitgl. d. Beirats der Deutsche Bank AG, Allianz-Gruppe, Rothmans World Group, London.)

••••• KRUPP-Erben (Bohlen und Halbach, v.)
**** Fried. Krupp GmbH, Essen (Industrieumsatz 1983: 17,3 Milliarden DM; 74,99 Prozent im Eigentum der Familienstiftung)
Krupp Stahl AG, Bochum (Industrieumsatz 1983: 5,5 Milliarden DM; über 70% im Eigentum der Familienstiftung)

WASAG-Chemie AG, Essen
(m. zahlr. in- u. ausl. Beteiligungen u. Tochterfirmen; über 50% im Eigentum der Erben Berthold und nach Harald v. Bohlen und Halbach)
Arndt v. Bohlen und Halbach: umfangreicher
Großgrundbesitz (17 000 Hektar in Österreich
u.a.), Rente in Höhe von mindestens 2 Millionen
DM jährlich.

- KÜHNE
*** Kühne & Nagel Speditions AG, Bremen (Umsatz 1983: 4,4 Milliarden DM; 50% im Eigentum
von Konsul Klaus-Michael Kühne)

***** KÜHNE
Carl Kühne KG, Essigbrauerei, Feinkost, Senf-
u. Konservenfabrik, Hamburg (Umsatz: ca. 500
Millionen DM) Pers. haft. Gesellschafter: C.W.
Kühne

*** LANGEN
Pfeifer & Langen, Köln (Umsatz 1984: 880 Millionen DM; 100% im Eigentum der Erben Pfeifer und Langen)

**** LEITZ
Ernst Leitz Optische Werke, Wetzlar (Umsatz:
ca. 250 Millionen DM; Beteiligung der Familie
L.: 44,85%)

- LIEBHERR
Liebherr Holding GmbH, Biberach (Gruppen-
Umsatz 1983: 2,4 Milliarden DM; 100% Fami-
lienbesitz)
Umfangreiche Auslandsbeteiligungen und Toch-
tergesellschaften in Westeuropa und Übersee.

•• LÖWENSTEIN-WERTHEIM, Fürsten zu,
***** Großgrundbesitz (ca. 11 000 Hektar, verteilt auf
2 Linien; wertvoller Schloß- u. Kunstbesitz)

Alfred Ernst Fürst zu L.-W.-Freudenberg:
Held & Francke Bau-AG, München (Umsatz
1983: 660 Millionen; Beteiligung: ca. 20%, Aufsichtsrat)
A. Steinecker Maschinenfabrik, Freising (Umsatz: 50 Millionen DM; Beteiligung: ca. 50%)

**** LÜBBERT
Dyckerhoff & Widmann AG, München (Gruppenumsatz 1983: 2,2 Milliarden DM; Beteiligung
der Familie L.: 10%) Bank- und Versicherungsbeteiligungen.

**** LUEG-Erben
Fahrzeugwerke Lueg GmbH, Bochum (100% in
Erbeneigentum) Mitgl. der Familie L. gehören
zum Kreis der Haniel- und Jacobi-Erben)

**** MAFFEI-Erben
Großgrundbesitz in und um München
Umfangreiche Industrie- und Bankbeteiligungen
(Bayer. Hypo-Bank, Süd-Chemie)
siehe auch Noris (Mutter geborene v. Maffei)

MANN
Mann GmbH Kauf- u. Handels-Centren
GmbH, Karlsruhe (Handelsumsatz 1983: 2,4
Milliarden DM; 100% im Eigentum der Familie
M.)

**** MAST-Erben
W. Mast KG Jägermeister-Spirituosenfabrik,
Wolfenbüttel (Umsatz knapp 300 Millionen
DM; 100% im Besitz der M.-Erben).

**** MAURITZ
Dortmunder Actienbrauerei AG, Dortmund
(Umsatz: ca. 300 Millionen DM, Minderheitsak-
tionär: Familie M.)

Dortmunder Hansa-Brauerei: 90% im Eigentum der Dortm. Actienbrauerei AG.
Umfangreicher Grundbesitz.

*** MAYBACH-Erben
Erbengemeinschaft nach Prof. Dr. Karl Maybach, Friedrichshafen, beteiligt mit ca. 10 % an: MTU Maschinen- und Turbinen-Union, Friedrichshafen, (Gruppenumsatz 1983: 2,4 Milliarden DM).

● MERCK
**** E. Merck, chem. pharm. Fabrik, Darmstadt (Umsatz 1983: 2,7 Milliarden DM; 100% im Besitz der Familie M.)

***** MERVELDT, Grafen von,
Großgrundbesitz in NRW

*** MESSER
Messer Griesheim GmbH, Frankfurt/M (Umsatz: 1983: 1,6 Milliarden DM weltweit; Familien-Anteil M.: 33,3%)
Messer Industrie GmbH, Königstein (100%)

MESSERSCHMITT
Messerschmitt-Bölkow-Blohm GmbH (MBB), München
(Umsatz 1983: 5,9 Milliarden DM; M.-Familienstiftung beteiligt mit 6,75%)

***** METTERNICH-WINNEBURG, Fürsten von
Weingut und Schloß Johannisberg am Rhein

***** METZLER, v.
B. Metzler seel. Sohn & Co., Privatbankiers, Frankfurt/M. (Bilanzsumme: rund 700 Millionen DM; maßgebende Beteiligung der Familie v. Metzler)
Umfangreiche Industrie- und Bankbeteiligun-

gen, u.a.: ca. 20% Andreae-Noris-Zahn AG, München;
ca. 30% Baumeister Kreditbank, Frankfurt; unter 25% Heidelberger Zement AG, Heidelberg;

*** MITTELSTEN SCHEID
Vorwerk & Co, Wuppertal (Gruppenumsatz 1983: ca. 1,2 Milliarden DM; 100% Familienbesitz M.S.)
Zahlreiche in- und ausländische Tochterfirmen und Beteiligungen.

●●●
** MOHN (Bertelsmann-Erben)
Bertelsmann AG, Gütersloh,
(Umsatz 1983: 6,2 Milliarden DM; Beteiligung der Familie M.: rund 90 %)
Gruner & Jahr, Hamburg
(Umsatz 1983: 2,1 Milliarden DM; Beteiligung der Bertelsmann AG: ca. 75%)
(&)

**** MONHEIM
Leonard Monheim AG, Aachen
(Umsatz 1983: 1,7 Milliarden DM; 100% in Familienbesitz)
(&)

●●●
***** MÜLHENS
Eau de Cologne- & Parfümerie-Fabrik Glockengasse 4711 gegenüber der Pferdepost von Ferd. Mülhens, gegr. 1792, Köln (Geschätzter Umsatz: um 1 Milliarde DM)
Alleininhaber: Ferdinand Mülhens.
Sehr großer u. wertvoller Grundbesitz; Industrie- und andere Beteiligungen.
(&)

***** MÜNSTER, Fürsten zu,
Großgrundbesitz; Beteiligung am Bankhaus Trinkaus & Burkhardt.

*** NAGEL, Freiherren v.,
Großgrundbesitz in NRW; Beteiligung am Bankhaus Delbrück & Co.

**** NICOLAUS
MD Papierfabriken Heinr. Nicolaus GmbH, München.
(Gesamtumsatz MD-Gruppe — einschl. MD Nicolaus São Paulo — 1983: 750 Millionen DM)

• NIXDORF
Nixdorf Computer AG, Paderborn
(Gruppenumsatz 1984: 3,7 Milliarden DM; 100% im Familienbesitz N.; Sommer 1985: Kapitalaufstockung von 360 auf 480 Millionen DM, davon 120 Millionen (25%) nunmehr in Fremdbesitz)

**** NORIS (Maffei-Erben)
Heinz N. (Mutter geb. v. Maffei):
Held & Francke Bau AG (Beteiligung über 50%);
Bankhaus August Lenz & Co, München (ca. 30%);
weitere Industrie- und Bankbeteiligungen, u. a. an der Bayer. Hypo-Bank.
Umfangreicher Grundbesitz.

•••• OETKER
*** Dr. August Oetker, Bielefeld
(Gruppenumsatz 1983: 3,2 Milliarden DM)
Umfangreiche Beteiligungen, u. a.:
Dortmunder Actien Brauerei (über 25%)
Berliner Kindl Brauereien (Mehrheit)
Binding-Brauerei, Frankfurt (Mehrheit)
Bankhaus Herm. Lampe, Bielefeld (ca. 90%)
Deutscher Ring-Versicherungsgruppe (97,5%)
Hamburg-Südamerikanische Dampfschifffahrtsgesellschaft (100%)

CONDOR-Versicherungsgruppe (100%)
u. v. m.

● OETTINGEN, Fürsten zu,
✳✳✳✳✳ Großgrundbesitz in Süddeutschland
Beteiligung an der Bayer. Vereinsbank AG.

●●● OPEL, v. -Erben
✳✳✳ Sehr umfangreiche Industrie-, Handels- u.a. Beteiligungen, Großgrundbesitz, umfangreicher
Auslandsbesitz. Karstadt AG (Umsatz 1983:
11 Milliarden DM; Opel-Beteiligung: ca. 30%)
(&)

✳✳✳✳✳ OLDENBURG, Großherzöge von,
Großgrundbesitz in Norddeutschland (über
15 000 Hektar); Glückauf-Bau AG, Dortmund
(33,3% Anton Günther Herzog v. Oldenburg)

●●●●● OPPENHEIM, Freiherren v.
✳✳✳✳✳ Bankhaus Sal. Oppenheim jr & Cie, Köln, gegr.
1789. Sehr umfangreicher Industrie-, Versiche-
rungs- (Colonia-Gruppe, Kölner Rück, Thurin-
gia, Central) und sonstige Beteiligungen; Gestüt
Schlenderhan; wertvoller Großgrundbesitz.
Bilanzsumme der Oppenheim-Bank 1983:
3,2 Milliarden DM; Bilanzsumme des Konzerns
1983: 10,9 Milliarden DM.

✳✳✳✳✳ ORTENBURG, Grafen von,
Großgrundbesitzer in Bayern.

✳✳✳ OSWALD, v.
Carl Spaeter GmbH, Düsseldorf (Handelsumsatz 1983: 1,3 Milliarden DM; 100% in Familienbesitz Spaeter und v. Oswald)
Anm.: Dr. Egbert v. O. Schwiegersohn des
3. Fürsten v. Bismarck.

•• OTTO
Otto-Versand, Hamburg (Handelsumsatz 1983: 8,4 Milliarden DM; mehrheitlich im Besitz der Familie Otto) Sehr umfangreicher städtischer Haus- und Grundbesitz.
(&)

*** PAVEL (Schoeller-Erben)
Rheinnadel GmbH, Aachen (geschätzter Umsatz: 650 Millionen DM, 100% in Familienbesitz)
Konsul Herbert P., geschäftsf. Inh. Rheinnadel GmbH, Mitglied d. Präsidialrats der Schoeller-Gruppe, vielfacher Aufsichtsrat und stellv. AR-Vorsitzer, u. a. bei WKM Lüdenscheid, Beirat Dresdner Bank AG usw.

**** PFAFF
G. M. Pfaff AG, Kaiserslautern (Umsatz 1984: 998 Millionen DM; Beteiligung der Familie P.: 36%)

*** PFEIFER
Pfeifer & Langen, Köln (Umsatz 1984: 880 Millionen DM; 100% im Eigentum der Erben Pfeifer und Langen)

• PFERDMENGES
** Umfangreiche Bank- (Sal. Oppenheim jr & Cie) und Versicherungs-(COLONIA u. a.)Beteiligungen; Industriebesitz.
(&)

PIEROTH
Pieroth-Gruppe, Burg Layen, Rümmelsheim (Umsatz 1983: 610 Millionen DM; 100% in Familienbesitz P.)
(&)

** PORSCHE
Dr. Ing. h. c. F. Porsche AG, Stuttgart
(Umsatz 1982/83: 2,1 Milliarden; mehrheitlich
im Besitz der Familien P. und Piech)

***** POSCHINGER, Freiherren v.
Großgrundbesitz in Bayern Hippolyt Frhr.
v. P.sche Krystallfabrik, Frauenau, gegr. 1605;
100% in Familienbesitz;
Freiherren v. Poschinger-Bray: Beteiligung an
der Bayer. Hypo-Bank und Südd. Zucker AG.

**** POSSEHL-Erben
Possehl & Co GmbH, Lübeck
(Gruppen-Umsatz 1983: 2,2 Milliarden DM;
100% im Eigentum der Familienstiftung)

***** PRYM
William Prym-Werke GmbH & Co KG, Stol-
berg, gegr. 1632, (Gruppen-Umsatz 1983: 515
Millionen DM; 75,1% in Familienbesitz P.)

•••• QUANDT-Erben
*** VARTA (Umsatz 1983: 1,6 Milliarden, mehr-
heitl. im Eigentum der Qu.-Erben); ALTANA
(Umsatz 1983: 1,3 Milliarden DM, mehrheitl. im
Eigentum der Qu.-Erben); IWKA-Konzern
(Umsatz 1983: 760 Millionen DM; ca. 10% Qu.-
Anteil), BMW (Umsatz 1983: 14 Milliarden DM;
mehrheitl. im Eigentum der Qu.-Erben), zahlr.
weitere in- und ausl. Beteiligungen.
(&)

**** RACKE
Pott-Racke-Dujardin GmbH, Bingen
(Gruppenumsatz 1983: rund 400 Millionen DM;
100% in Familienbesitz R.)
Beteiligungen:
A. Racke, Bingen (100%);
H. H. Pott, Flensburg (100%);

Dujardin GmbH, Uerdingen (100%);
C. A. Kupferberg & Cie KGaA, Mainz (76%).

*** RANDEBROCK
Familie R. hielt bis 1970 – zusammen mit Familie Werhahn – ca. 85% des Aktienkapitals der Wikküler-Brauerei-Gruppe, einschl. einer Schachtelbeteiligung an Löwenbräu, München; nach Verkauf Übersiedlung in die Schweiz.

***** RANTZAU, Grafen zu,
Großgrundbesitz in Schleswig-Holstein.

***** RATH, vom, -Erben
Die sehr reiche Kölner Familie v. R. vermehrte ihr Vermögen 1886, als Walter v. R. sich mit Maximiliane Meister, Tochter des Mitbegründers der Farbwerke Hoechst vormals Meister, Lucius & Brüning, vermählte. Beider Tochter Eugenie heiratete 1910 Leisler Kiep, der das Familien-Aktienpaket als stellv. Aufsichtsratsvorsitzer der Farbwerke Hoechst vertrat. Walther Leisler Kiep, beider Sohn, langjähriger CDU-Spitzenpolitiker, zahlreiche Aufsichtsratsmandate, auch Teilhaber der Gradmann & Holler-Versicherungsgruppe. Z. Zt. CDU-Bundesschatzmeister.

***** RECHBERG UND ROTHENLÖWEN, Grafen von,
Großgrundbesitz in Bayern und Baden-Württemberg.

•• REEMTSMA
*** Reemtsma Cigarettenfabriken GmbH, Hamburg;
H. F. & Ph. F. Reemtsma GmbH & Co, Hamburg;
Grupppenumsatz (einschl. Brauerei-Beteiligungen) 1983: 6,2 Milliarden; Familie R. ist am Konzern mit knapp 50% beteiligt.

***** REVENTLOW, Grafen v.,
Großgrundbesitz in Norddeutschland.

* RIBBENTROP, v.
Adolf v. R.: geschäftsf. Gesellschafter Henkell &
Co, Wiesbaden (siehe Henkell), Sohn des
Reichsaußenministers im Kabinett Hitler und ei-
ner Henkell-Erbin.

***** RIEDESEL, Freiherren zu Eisenbach
Großgrundbesitz (ca. 13 000 Hektar in Hessen);
Sämtl. R. Frh. zu E. Industriebetriebe; Waldge-
sellschaft der Frh. R. zu E., Lauterbach.

*** RITTER
Konsul Wolfgang Ritter, Figino bei Lugano,
Tessin, Ehren-Vorsitzer des Aufsichtsrats (und
Minderheitsaktionär) der Martin Brinkmann
AG, Bremen, Bremen (Umsatz 1983: 2,6 Mil-
liarden DM).

*** RODENSTOCK
Optische Werke G. Rodenstock, München
(100% Familienbesitz; Welt-Umsatz 1983: ca.
600 Millionen DM)
Prof. Dr. Dr. h. c. Rolf Rodenstock: Präsident
des BDI.

•• RÖCHLING-Erben
**** Röchling-Gruppe: Industrie-Umsatz 1983 ca.
3,6 Milliarden DM; Gebr. Röchling, Mannheim
(Holding): 100% Familienbesitz, Röchling-In-
dustrie-Verwaltungsges. mbH, Mannheim: Familienanteil nahe 90%:
Rheinmetall-Konzern (Umsatz 1983: 2,5 Milliarden DM; Röchling-Anteil: 76,8%)
Württemberg. Metallwarenfabrik AG, Geislingen (Umsatz 1983: knapp 600 Millionen DM;
Röchling-Anteil: über 50%) usw.

Die Röchling-Erben heißen u. a. Grafen v. Saurma-Jeltsch, Freiherren v. Salmuth (siehe diese)

*** RÖHM
Röhm GmbH, Darmstadt;
Röhm Pharma GmbH, Weiterstadt
(Gruppen-Umsatz 1983: 1,4 Milliarden DM; Fa-
milie R. ca. 52%)

ROTHFOS
Bernhard Rothfos KGaA, Hamburg,
Kaffeeimport u. Großhandel (Umsatz 1983: 2,2
Milliarden DM; geschäftsf. Gesellschafter: Cuno
R.)
arko GmbH Wahlstedt (Umsatz 1983: ca. 200
Millionen DM; Geschf. Cuno R.); Deutsche Ex-
trakt Kaffee GmbH, Hamburg, (Stammkapital
24, Millionen, geschäftsf. Gesellschafter: Jan Be-
ernd R.); Fine Foods International GmbH & Co
Deutsche KG, Berlin, Geschäftsf. Jan Beernd
R.;

● SACHS
*** Fichtel & Sachs AG, Schweinfurt
(Umsatz 1983: 1,2 Milliarden DM; ca. 50% An-
teile bei Familie Sachs)
Deutsche Star Kugelhalter GmbH, Schweinfurt
(Familie Sachs: ca. 43%)
Sachs AG, München (Beteiligungen)
(Weltumsatz 1983: knapp 2 Milliarden DM, Be-
teiligung der Familie Sachs: 50%)
Anm.: Gunter Sachs, Valbella/Schweiz, gehört
auch zu den Opel-Erben; Mutter geborene
v. Opel.

***** SACHSEN-COBURG UND GOTHA, Herzöge von,
Großgrundbesitz (über 8000 Hektar)

***** SALM, Fürsten zu,
Großgrundbesitz (über 10 000 Hektar, verteilt auf drei Linien)

● SALMUTH, Freiherren v.,
***** (Röchling-Erben)
Wigand Frhr. v. S.:
Geschäftsführer u. pers. haft. Gesellschafter Gebr. Röchling, Mannheim (s. Röchling);
Pers. haft. Gesellschafter: Funke + Huster, Essen; Geschäftsführer: Röchling Industrie Verwaltung GmbH, Saarbrücken;
Vorsitzer des Aufsichtsrats: Rheinmetall Berlin AG, Düsseldorf; Jagenberg AG, Düsseldorf;
Mitgl. des AR: Laeis-Werke, Trier; ARBED Saarstahl, Völklingen; Württ. Metallwarenfabrik (WMF), Geislingen.
Mitgl. des Verwaltungsrats: ARBED Luxembourg; Camille Bauer Meß- und Regeltechnik, Basel; Camille Bauer Meßinstrumente AG, Wohlen/Schweiz.

● SAURMA-JELTSCH, Grafen v.
***** (Röchling- und Stumm-Erben)
Artur Graf S.-J.: Geschäftsf. u. pers. haft. Gesellschafter: Gebr. Röchling, Mannheim; Vors. des AR: WMF, Geislingen; Aufsichtsrat: ARBED Saarstahl, Rheinmetall usw.

● SAYN UND WITTGENSTEIN, Fürsten zu,
***** Großgrundbesitz (ca. 26 000 Hektar)
Casimir Johannes Prinz zu S. u. W.:
Vorsitzender des Aufsichtsrats: ALBINGIA-Versicherungen; Interchemol Handelsges. mbH; The Ore & Chemical Corp., New York; Sequana S. A., Neuilly; Unterweser Reederei GmbH; Chemo-Trade GmbH, Wien; Deutsche Borax

GmbH; Karl Schmidt (South Africa) Ltd., Johannesburg; usw.
AR: Dyckerhoff & Widmann AG; Jurid-Werke GmbH; usw. Landesschatzmeister CDU, Hessen.
Botho Prinz zu Sayn-W.-Hohenstein: MdB (CDU bis 1980, Vorsitzender Fürst W.sche Waldbesitzergesellschaft; Präsident des Deutschen Roten Kreuzes (seit 1982).

● SCHÄFER
*** FAG Kugelfischer Georg Schäfer KGaA, Schweinfurt, Welt-Umsatz 1983: 2,4 Milliarden DM; 100% Familienbesitz.

*** SCHAPER
Adolf Schaper-Gruppe, Hannover (C+C, real-kauf usw.) Handelsumsatz 1983: 3,5 Milliarden DM; 100% (?) Familie Schaper.

***** SCHAUMBURG-LIPPE, Fürsten zu
Großgrundbesitz (ca. 5000 Hektar)

***** SCHENK v. STAUFFENBERG, Grafen v., Großgrundbesitz in Süddeutschland
Clemens Gf. S. v. S.: mehrere AR-Mandate in der Thyssen-Bornemisza-Gruppe; Verwaltungsrat Trinkaus & Burkhardt, Privatbank.
Franz-Ludwig Gf. S. v. S.: 1972–84 MdB (CSU), seither Europaparlament; Schwiegersohn des Frhr. von und zu Guttenberg (s. Guttenberg).

**** SCHEUFELEN
Papierfabrik Scheufelen, Lenningen (Württ.) (Umsatz 1983: ca. 300 Millionen DM; 100% in Familienbesitz); Industriebeteiligungen, u. a. Baresel Bau-AG Klaus H. Sch.: langj. stellv. Vorsitzender des CDU-Wirtschaftsrats.

•••• SCHICKEDANZ
** Großversandhaus Quelle, Fürth
(Handelsumsatz 1983: 8,6 Milliarden DM; 100%
Familienbesitz)
Zahlreiche Industrie-, Bank- u.a. Unternehmen
in aller Welt. Umfangreiche Beteiligungen, ausgedehnter Immob.besitz. Vereinigte Papierwerke Schickedanz & Co, Nürnberg (Umsatz 1983:
1,07 Milliarden DM, 100% Familienbesitz)
(&)

• SCHINDLING
** VDO Adolf Schindling AG, Frankfurt
(Umsatz 1983: 1,3 Milliarden DM; 100% Eigentum von Liselott Schindling-Rheinberger, Kron-
berg/Ts.)
Umfangreiche in- und ausländische Beteiligungen (IWC International Watch Co, Schaffhau-
sen/Schweiz: 72% u.a.), umfangreicher u. wertvoller Immobilienbesitz.

***** SCHLESWIG-HOLSTEIN, Herzöge zu,
Großgrundbesitz in Schleswig-Holstein;
Glücksburger Kurbetriebe GmbH; Bankbeteili-
gungen.

***** SCHLITZ genannt v. Görtz, Grafen v.
Großgrundbesitz (ca. 11 000 Hektar) in Hessen.

**** SCHMIDT
Schmidt-Bank, Hof (mit 90 Filialen in Nord-
bayern)
(Bilanzsumme 1983: rund 2 Milliarden DM; Familienbesitz)

•• SCHMITZ-SCHOLL-Erben
**** Wissoll-Schokoladenfabrik, Mülheim/Ruhr,
gegr. 1867 (Elisabeth Schmitz-Scholl verheiratete sich mit Erivan Haub; im Alleineigentum der
Familie Haub)

Tengelmann OHG (Handelsumsatz 1983: 16,5 Milliarden DM; alleingeschäftf. Gesellschafter: Erivan Karl Haub)
Kaiser's Kaffee-Geschäft, Viersen (Umsatz 1982/83: 2,7 Milliarden DM; Mehrheitsaktionär: Tengelmann/Familie Haub)
(&)

*** SCHNABEL
Karl O. Helm AG, Hamburg
(Chemiekalienhandelsumsatz 1983: 4,7 Milliarden DM; 100% im Eigentum von Familie Helm)
Weltweite Beteiligungen.

SCHÖRGHUBER
Hacker-Pschorr Bräu AG, München (Schörghuber-Gruppe: 87%);
Paulaner-Salvator-Thomasbräu AG, München (Schörghubergruppe: über 60%)
Umfangreicher Immobilienbesitz in und um München.

** SCHOPF
Eduscho GmbH & Co, Bremen
Kaffeerösterei u. -handel (Umsatz 1983: 1,3 Milliarden DM; 100% (?) Familienbesitz)

***** SCHULENBURG, Grafen von der,
Großgrundbesitz in Niedersachsen.

SCHWARZKOPF
Hans Schwarzkopf GmbH, Hamburg
(Umsatz 1983: 800 Millionen DM; 51% Familie Sch.)
Beteiligungen:
LEO-Werke, Obertshausen (99,9%); Clynol GmbH (100%); Wolff & Sohn, Karlsruhe (100%); Olivin GmbH, Hamburg (100%); Golf Cosmetic, Hamburg (100%) usw.

*** SCHWARZ-SCHILLING
Accumulatorenfabrik Sonnenschein GmbH,
Büdingen mit Zweigwerk in West-Berlin (100%
in Familienbesitz; Umsatz 1983: 160 Millionen
DM)
Christian Sch.-Sch.: Bundesminister f. d. Post-
u. Fernemeldewesen; stellv. Landesvorsitzender
d. CDU Hessen, MdB.
Beteiligt an Projektgesellschaft f. Kabel-Kom-
munikation.
(&)

SCHWEISFURTH
Herta KG K. Schweisfurth, Herten
(Gesch. Gruppen-Umsatz: knapp 1 Milliarde
DM; 100% Familienbesitz)

**** SEDLMAYR
Gabriel Sedlmayr Spaten-Franziskanerbräu KG,
München; (Fam. S. 12% Kommandit-, 53%
Kompl. anteil)
Umfangr. u. wertvoller Immobilienbesitz in
München.

•••• SIEMENS, v.
**** SIEMENS AG (Industrieumsatz 1983: rd. 40
Milliarden DM, umfangreiche, weltweite Beteiligungen; einziger Groß- und Vorzugsaktionär
m. ca. 13% Kapitalanteil: Familie v. Siemens)
(&)

***** SNOEK
Ratio Handel GmbH & Co KG, vormals Ter-
floth & Snoek, gegr. 1774.
(Handelsumsatz 1983: über 1 Milliarde DM;
76% Familienbesitz)

*** SPAETER
Carl Spaeter GmbH, Düsseldorf, mit zahlr.

Tochter- und Organgesellschaften (Gruppen-
umsatz 1983: 1,3 Milliarden; 100% in Familienbesitz)

●   SPEE, Reichsgrafen v.,
***** Großgrundbesitz in NRW, z.T. in Großstadt
u. -nähe; Industriebeteiligungen.

●●●   SPRINGER
Axel Springer Verlag AG
(Umsatz 1983: 2,3 Milliarden DM; Hauptaktio-
när: Axel S.)

***   STAHL
R. Stahl GmbH & Co, Stuttgart;
R. Stahl Fördertechnik GmbH;
R. Stahl Schaltgeräte GmbH;
Stähle Maschinenbau GmbH; R. Stahl EDV-Ser-
vice GmbH.
R. Stahl-Gruppe 100% in Familienbesitz Stahl-
Zaiser.

STEIGENBERGER
A. Steigenberger Hotelgesellschaft KGaA,
Frankfurt
A. Steigenberger Immobilien GmbH, Frankfurt
A. Steigenberger Grundbesitzverwaltung
GmbH, Frankfurt,
98% im Eigentum von Generalkonsul Egon S.
(Umsatz 1983: knapp 300 Millionen DM).
Zahlreiche Beteiligungen im In- und Ausland.

***** STEIN, v.
Bankhaus I. H. Stein, Köln, gegr. 1790:
Joh. Heinrich v. Stein, Bankier, Mitinh.
zahlreiche Aufsichtsratsmandate.

***   STEINBEIS
Steinbeis & Consorten GmbH, Brannenburg

Steinbeis Handels- u. Speditionsges. mbH, Brannenburg
Steinbeis Papier GmbH, Gemmrigheim
Gessner & Co GmbH, Brannenburg
Zweckform Werk GmbH, Oberlaindern-Holzkirchen
(industr. Umsatz rund 350 Millionen DM, geschätzt);
›Jahrbuch d. Millionäre im Kgr. Bayern‹, 1913:
Geh. Komm. Rat Otto v. S. in Firma Steinbeis & Co,
Besitzer des freien Guts Brannenburg (3038 Hektar)...

***** STOLBERG, Fürsten und Grafen zu,
Großgrundbesitz (über 4000 Hektar in Hessen).

● STUMM-Erben
***** Das enorme Vermögen der saarländischen Industriellenfamilie Stumm ist durch Erbteilung auf eine Vielzahl von Familien übergegangen (v. Kühlmann-Stumm; Grafen Strachwitz, v. Schenck, Grafen Roedern, Grafen Hatzfeld-Dönhoff, v. Arnim usw.)

STRAUSS
Umfangreicher Haus- und Grundbesitz, vornehmlich in und bei München; zahlr. Industrie- u. Handelsbeteiligungen. Franz Josef S.: Vorsitzender der CSU, Bundesminister a.D., bayer. Ministerpräsident.
(&)

●●●●● THURN UND TAXIS, Fürsten von,
***** Großgrundbesitz in Süddeutschland (ca. 36 000 Hektar, 18 Schlösser, städtischer Immobilienbesitz u. a. in Regensburg u. München; sehr umfangreicher Grundbesitz in Brasilien und Kanada)
Fürst Thurn und Taxis Bank, München (100%)

Bayerische Vereinsbank AG (Beteiligung ca. 10%, AR)
weitere Bankbeteiligungen.
Fürstl. Brauerei Thurn und Taxis, Regensburg
(Umsatz: knapp 100 Millionen DM; 100%)
Flachglas AG, Fürth (Umsatz: 1 Milliarde DM; unter 10% T.u.T.-Beteiligung)
weitere Industriebeteiligungen (Goldverarbeitung):
Dr. E. Dürrwächter-Doduco-KG, Pforzheim (100%)
Fr. Kammerer GmbH, Pforzheim (100%)
Doduco Espana S. A., Madrid (100%)
Art Wire-Doduco, Cedar Knolls, N.J., USA, usw.

••••• THYSSEN-Erben
*** Thyssen AG vorm. August Thyssen-Hütte (ATH)
(Konzern-Umsatz 1983: 28,4 Milliarden DM; Thyssen Beteiligungsverwaltung GmbH: über 25%, Thyssen-Stiftung: ca. 9%; Alleinerben: Gräfin Anita de Zichy-Th. und Söhne) Thyssen Industrie AG, Essen
(Industrieumsatz 1983: über 5 Milliarden DM; Familienbeteiligung ca. 33%)
Thyssen Handelsunion AG
(Handelsumsatz 1982: über 3 Milliarden; ca. 33%)
Weitere Thyssen-Erben mit eigenem Industriebesitz, u. a. Thyssen-Bornemisza-Gruppe (Kapital vorwiegend im Ausland angelegt).

• TOEPFER
*** Toepfer International GmbH, Hamburg
(Handelsumsatz – Getreide, Futtermittel – 1983: 11,4 Milliarden DM; 50% Alfred Toepfer KG, 50% intern. Holdings);

Club-Kraftfutterwerke GmbH, Hamburg –
100%
Alfred C. Toepfer SchiffahrtsGmbH, Hamburg
– 50%
Alfred C. Toepfer Eisenhandel-GmbH, Hamburg – 100%
Mühle Rüningen AG, Braunschweig – 50%.
Kommanditist der Toepfer-Verwaltungs GmbH
ist die Alfred C. Toepfer-Stiftung F.V.S.

***** TOERRING-JETTENBACH, Grafen zu,
Großgrundbesitz in Bayern (über 4000 Hektar)
Hans Veit Graf zu T.-J.:
Inhaber des Brauhaus Jettenbach und des Brau-
haus Hallertau.

**** UNDERBERG
Underberg KG, Rheinsberg
(Umsatz 1983, geschätzt: ca. 500 Millionen DM;
100% in Familienbesitz)
Sehr ausgedehnter Grundbesitz in NRW und
Bayern; Industrie- und Versicherungsbeteili-
gungen.

*** VAILLANT
Joh. Vaillant GmbH & Co, Remscheid
(Umsatz 1983, geschätzt: ca. 450 Millionen DM;
100% in Familienbesitz)

VIEHOF
allkauf-Gruppe, Mönchengladbach
(Handelsumsatz 1984: 3,3 Milliarden DM)
Tjaereborg Touristik Deutschland; Umsatz
1984: 300 Millionen DM

VIELMETTER siehe KNORR-Erben

●●● VOITH
**** J. M. Voith, Heidenheim/Brenz
(Gruppen-Umsatz 1983: über 1 Milliarde DM;
100% in Familienbesitz)

Umfangreiche Industrie- und Bankbeteiligungen. u. a. Deutsche Effecten- & Wechsel-Beteiligungs AG (über 50%); O. Dörries GmbH Düren (100%); indirekte Beteiligung an Daimler-Benz AG (ca. 2%).

**** WACKER
Wacker-Chemie GmbH, München
(Industrieumsatz 1983: 2,3 Milliarden DM; 50% Familie W.) zahlr. Industrie- u. Handelsbeteiligungen der Familiengesellschaft W., umfangr. Grundbesitz.

●● WALDBURG, Fürsten von
***** Großgrundbesitz in Süddeutschland (über 14 000 Hektar) Industrie-, Handels-, Zeitungsverlags- u. a. Beteiligungen.

●● WALDECK UND PYRMONT, Fürsten v.
***** Großgrundbesitz (über 14 000 Hektar in in NRW und Hessen), mehrere Schlösser.
Anm.: Fürst Josias v. W. u. P. war in der Nazi-Zeit SS-Obergruppenführer und General der Waffen-SS, auch Höherer SS- und Polizeiführer Fulda-Werra und Gerichtsherr des Konzentrationslagers Buchenwald.

● WALDTHAUSEN-Erben
***** Die Erben der im 19. Jahrhundert zu großem Reichtum gekommenen rheinischen Familie heißen u. a. Funke, Krawehl, v. Weizsäcker, v. Berghes, v. Waldthausen usw.
Wolfgang v. W.: pers. haft. Gesellsch. Bankhaus Trinkaus & Burkhardt Düsseldorf/Essen;
Richard Frhr. v. Weizsäcker (W.-Enkel): ehedem Vorsitzer d. Grubenvorstands d. Gewerkschaft Walter, Essen; pers. haft. Gesellschafter Waldthausen & Co, Essen; Aufsichtsrat

d. Allianz-Konzerns; MdB (CDU); z.Zt. Bun-
despräsident.

**** WARBURG
M. M. Warburg-Brinckmann Wirtz & Co,
Bankhaus, Hamburg Kommanditist: Eric M.
Warburg (auch Chairman von E. M. Warburg
Pincus & Co, Newy, Beirat von S. G. Warburg
& Co Ltd, London)
Mitinhaber: Max A. Warburg (auch Verwal-
tungsrat Bank M. M. Warburg-Brinckmann
Wirtz International S. A., Luxemburg; Auf-
sichtsrat GT Europe Fund (GT Ltd. Manage-
ment), London.

**** WEGELER
Deinhard & Co, Sektkellereien, Koblenz
(Umsatz 1983: 260 Millionen; Familie Wegeler
96,6 %; 3,4 % Deinhard & Co Ltd., London)
Umfangreicher Grund- und Weingutsbesitz.

●●●●● WERHAHN
**** Wilhelm Werhahn KG, Neuß
(Umsatz 1983 lt. konsolidierter Bilanz: 3,2 Milliarden DM; 100% Familienbesitz)
Sehr umfangreiche Beteiligungen, die in der
kons. Bilanz nicht enthalten sind, darunter:
Wicküler-Küpper-Brauerei, Wuppertal; Küp-
pers Kölsch, Köln; Hoesch AG (ca. 10%); Commerzbank AG; RWE (einziger priv. Großaktionär, ca. 7%); DUB-Schultheiß; STRABAG Bau
AG, Köln (Hauptaktionär; STRABAG-Umsatz
1983: 2,7 Milliarden DM; AR-Vorsitzender: He-
ribert W.)
Die Familie W. ist verwandt und verschwägert
mit Familie Konrad Adenauer.

*** WERNER
Werner & Pfleiderer KG, Stuttgart
(Umsatz 1983: über 400 Millionen DM; im Be-
sitz der Familien W. und Fahr)

***** WESTPHALEN ZU FÜRSTENBERG, Grafen
von,
Großgrundbesitzer in Westdeutschland (ca.
13 000 Hektar)

***** WIED, Fürsten zu,
Großgrundbesitzer in Westdeutschland;
Industriebeteiligungen.

**** WIRTZ
Dalli-Werke Mäurer & Wirtz, Stolberg (100%
Fam. Wirtz)
Chemie Grünenthal GmbH, Stolberg (100%
Fam. Wirtz)

**** WITTHOEFFT
W. & O. Bergmann KG, Düsseldorf,
(Handelsumsatz 1983: 2,3 Milliarden DM; W.-
Beteiligung: ca. 36%)
Zahlreiche weitere Handels- u. Bankbeteiligun-
gen (u. a. C. G. Trinkaus & Burkhardt).

*** WOLFF
Otto Wolff AG, Köln
(Konzernumsatz 1983: 3,5 Milliarden DM;
100% Familienbesitz)
Rasselstein AG, Neuwied
(Konzernumsatz 1983: 1,6 Milliarden DM; W.-
Beteiligung, indirekt: ca. 40%)
zahlreiche weitere Beteiligungen.
Otto W. von Amerongen: langj. Präsident des
DIHT, vielfacher AR-Vorsitzer und AR.

***** WOLFF-METTERNICH ZUR GRACHT,
Grafen,
Großgrundbesitzer (über 6000 Hektar) in NRW.

• WÜRTTEMBERG, Herzöge von,
***** Großgrundbesitzer in Württemberg (über
18 000 Hektar), wertvoller Schloß- und Kunstbesitz; Industrie- und Bankbeteiligungen.

***** YSENBURG UND BÜDINGEN, Fürsten zu,
Großgrundbesitz (über 10 000 Hektar), mehrere
Schlösser, Fürstl. Brauerei Schloß Wächters-
bach; Bankbeteiligungen; eigene Industriebetriebe.

**** ZANDERS
J. W. Zanders Feinpapiere, Bergisch Gladbach,
(Umsatz 1983: 730 Millionen DM; über 50% in
Familienbesitz)

**** ZEPPELIN-Erben
Zahnradfabrik Friedrichshafen AG
(Umsatz 1983: 2,9 Milliarden DM; Zeppelin-
Stiftung: 88,8%, Hella Gräfin v. Brandenstein-
Zeppelin GbR 7,2%)
MTU Maschinen- und Turbinen-Union Fried-
richshafen mbH; (Konzernumsatz 1983: 2,4
Milliarden DM; Beteiligung der Z.-Erben ca.
5%)

ZICHY-THYSSEN s. THYSSEN

Eigentum verpflichtet

»Eigentum verpflichtet«, heißt es im Grundgesetz für die Bundesrepublik Deutschland, Artikel 15, und damit kein Irrtum entsteht, wozu nach dem Willen der Väter unserer Verfassung Eigentum verpflichten soll, nämlich nicht allein zu ungezügeltem Profitstreben, heißt es weiter: »Sein Gebrauch soll zugleich dem Wohl der Allgemeinheit dienen.« Dieses ›Wohl der Allgemeinheit‹ meinen aber die meisten unserer Geldfürsten dadurch hinreichend zu wahren, daß sie an dem ›Bewährten‹, nämlich an ihrer Macht und ihren Vorrechten, nicht rütteln lassen; daß sie jede tiefgreifende Reform, etwa auf dem Gebiet der militärischen Abrüstung, der Arbeitsbeschaffung und Sicherung der Arbeitsplätze, des Arzneimittelwesens, der Lebensmittelkontrolle, des Umweltschutzes oder auch der betrieblichen Mitbestimmung, zu verhindern trachten – bislang stets erfolgreich. Sie bemühen sich mit allen Kräften, eine Gesellschaftsordnung, die uns innerhalb eines Menschenalters nun schon zweimal in ebenso entsetzliche wie vermeidbare Katastrophen geführt hat, auch noch über die letzten anderthalb Jahrzehnte dieses bewegten Jahrhunderts hinwegzuretten. Nach uns die Sintflut…?

Namenregister

Kursive Seitenzahlen verweisen auf das Kapitel:
Das Abc des großen Geldes

226

Gebunden   Gebunden

Fünfzig Jahre nach der Machtergreifung durch die Nationalsozialisten beschäftigt uns immer noch die Frage: Wie konnte das alles geschehen? Wie erlebten Millionen Deutscher die Jahre des Terrors und der Verfolgung, wie überlebten sie sie? Bernt Engelmanns Chronik des »Dritten Reiches« führt uns ein sehr genaues Bild des Alltags in Deutschland vor Augen. Er zeichnet diese Jahre nach, anhand von Gesprächen, die er mit Zeugen dieser Zeit geführt hat. Es sind Frauen und Männer aus den verschiedensten Schichten, mit unterschiedlicher politischer Einstellung; solche, die damals überzeugte Nazis waren – und es heute noch sind –, und solche, die Widerstand leisteten, als sie erkannten, wohin die dunkle Reise ging. Bernt Engelmann beschreibt den Widerstand in Form von tätiger Hilfe für Menschen, die in Gefahr waren.

Mit zahlreichen Abbildungen und Dokumenten.

Kiepenheuer & Witsch

Heinrich Böll
Frauen vor Flußlandschaft

Roman

Bonn ist der Schauplatz des neuen Romans von
Heinrich Böll — ein Ort höchster politischer
Aktualität. Was Böll jedoch interessiert, ist nicht
die Tagespolitik, sondern das Netz der Beziehungen und Geschichten hinter den Kulissen der
offiziellen Sebstdarstellung. Die Frauen der Politiker, sonst nur gesellschaftliches Beiwerk auf
dem Bonner Parkett, rücken in den Vordergrund
des Geschehens. Sie sind das heimliche soziale
Korrektiv in einer Welt der Ränke und Skandale,
die die Männer fast ausnahmslos umtreibt.

Kiepenheuer & Witsch

Umwelt-Lexikon

herausgegeben von der
Katalyse Umweltgruppe Köln

Nach dem kritischen Medikamentenbuch *Bittere Pillen* liegt nun mit dem *Umwelt-Lexikon* ein Nachschlage- und Ratgeberbuch vor, das den gesamten heutigen Wissensstand über Umweltzerstörung, Gesundheitsgefährdungen, Schutzmaßnahmen und Umweltpolitik leicht zugänglich für jedermann zusammenfaßt.

Kiepenheuer&Witsch

Kurt Langbein
Hans Peter Martin
Hans Weiss
Bittere Pillen
Vollständig neu bearbeitete
und erweiterte Ausgabe

NEU: 2500 Medikamente wissenschaftlich bewertet / Alle Kapitel komplett überarbeitet / Zusätzlich: Kapitel über Naturheilmittel und Homöopathie / Erstmals alle wichtigen Krankenhauspräparate erfaßt und bewertet.

Kiepenheuer&Witsch

Grüne Wirtschaftspolitik - Machbare Utopien

Herausgegeben von Jo Müller,
Reinhard Pfriem, Franz Beckenbach,
Eckart Stratmann
Mit einem Vorwort von Otto Schily
KiWi 84
Originalausgabe

Angesichts des offiziellen Scheiterns der traditionellen Wirtschaftspolitik, die Arbeitslosigkeit und Umweltzerstörung zugleich produziert oder zumindest nicht verhindern kann, wächst das Interesse an den ökonomischen Gegenkonzepten der grünen Partei.

Paperbackreihe bei Kiepenheuer&Witsch

Willy Brandt
Der organisierte Wahnsinn
Wettrüsten und Welthunger

Willy Brandt faßt seine Erfahrungen, die er als
Vertreter des friedlichen Dialogs zwischen Ost
und West und als Vorsitzender der Nord-Süd-
Kommission von 1977 bis 1983 gesammelt hat, in
einem sehr persönlichen Buch zusammen.

Kiepenheuer&Witsch

André Brink
Die Nilpferdpeitsche

Roman.
Titel der Originalausgabe:
A Chain of Voices
Deutsch von Hans Hermann

In seinem großen historischen Roman erzählt
André Brink die Geschichte einer Burenfamilie,
schildert er einen Sklavenaufstand zu Beginn des
19. Jahrhunderts in Südafrika. Ein Roman über
die Absurdität eines unmenschlichen Systems,
ein Buch voller Spannung und Dramatik.

Kiepenheuer&Witsch

Hot Water Music
Erzählungen von
Charles Bukowski

Titel der Originalausgabe: *Hot Water Music*
Deutsch von Carl Weissner

Hot Water Music — das sind 36 neue Stories von
Charles Bukowski, ein Zug durch die Unterwelt
von Los Angeles. Stories über die Liebe, den
Alkohol, über die öden Bars, über die Männer
und die Frauen.

Kiepenheuer&Witsch